100
vedettes

....

100
recettes

....

Centraide

PARTAGER LE GOÛT... DE FAIRE UNE DIFFÉRENCE

Généreuses comme on les aime, 100 personnalités artistiques ont accepté de dévoiler une de leurs recettes favorites, évoquant au passage des souvenirs de famille ou des moments marquants de leur vie. Certaines d'entre elles sont porte-parole d'un organisme appuyé par Centraide, d'autres sont associées au mouvement de solidarité de Centraide. Toutes ont en commun leur grand cœur et leur désir d'aider.

À l'image des **18 Centraide du Québec**, ce livre est un geste concret en vue d'améliorer le quotidien de ceux qui en ont le plus besoin. Plus de **1 500 000** Québécois et Québécoises vivent chaque jour dans un état de pauvreté et d'exclusion. Hommes, femmes, enfants et familles en difficulté, tous comptent sur l'aide précieuse des **1 700** organismes soutenus par Centraide dans tout le Québec pour se prendre en main et voir un peu de lumière au bout du tunnel.

Il n'y a pas de recette miracle pour contrer l'indigence. Mais le temps et les efforts de chacun sont des ingrédients essentiels pour briser le cycle de la pauvreté.

Centraide. Plus que jamais.

DES ACTIONS AU PRÉSENT POUR NOURRIR L'AVENIR

*Centraide soutient des organismes qui interviennent
sur plusieurs fronts, partout au Québec,
pour faire une différence.*

→ Étudier pour mieux gagner sa croûte

Un jeune issu d'un milieu pauvre risque davantage qu'un autre de ne pas terminer ses études secondaires. L'inverse est aussi vrai : quitter prématurément les bancs de l'école mène trop souvent à la pauvreté. Pour mettre fin à ce cercle vicieux, près de 400 organismes appuyés par Centraide au Québec aident 200 000 jeunes à réussir à l'école.

Au menu : aide aux devoirs, accompagnement scolaire à domicile, mentorat jeunes-aînés, alphabétisation, programmes de transition vers l'école secondaire, programmes d'alternatives à la suspension, activités de développement de l'estime de soi, soutien aux jeunes qui se dirigent vers l'éducation des adultes, et plus encore.

Centraide investit dans le présent des jeunes pour mieux nourrir leur avenir.

→ Tout le monde à table !

Au Québec, 12 % de la population a de la difficulté à se nourrir, soit parce qu'elle est pauvre, soit parce qu'elle a du mal à s'approvisionner dans son quartier ou sa région. Centraide collabore avec 300 organismes pour aider plus de 500 000 personnes à mieux se nourrir partout au Québec.

Au menu : cuisines collectives, jardins collectifs, groupes d'achat, magasins-partage, restaurants populaires, dîners communautaires, popotes roulantes, ateliers de cuisine économique, soutien aux femmes enceintes, aux mères de nourrisson et aux aînés, et plus encore.

Centraide investit dans le présent des personnes démunies pour mieux nourrir leur avenir.

→ Pour une bouchée de pain

Mis sur pied comme une alternative aux traditionnels paniers de Noël, les magasins-partage sont aujourd'hui présents dans 19 quartiers montréalais. Ils invitent les familles démunies à faire une épicerie dans le respect et la dignité sans que l'addition leur coupe l'appétit : dans la mesure où ils en ont les moyens, les gens ne paient que 10 % de la facture. Pas moins de 17 000 personnes accèdent à ce service à l'approche de la rentrée scolaire et de Noël.

Au menu : À la rentrée, un sac d'école, des fournitures scolaires, une boîte à lunch isolante, ainsi que des denrées alimentaires pour toute la famille. À Noël, des aliments variés.

Centraide investit dans l'autonomie des gens pour mieux nourrir leur avenir.

→ Ils poussent comme des champignons

Donner naissance à un bébé en santé, bien préparer son enfant pour l'école et aider son adolescent à trouver sa voie sont de grandes étapes de la vie d'un parent. Ce n'est déjà pas facile quand les circonstances sont favorables, alors imaginez lorsqu'une famille fait face à la pauvreté et à l'isolement… Plus de 400 organismes sont à l'œuvre partout au Québec pour aider les familles en difficulté et leurs enfants à grandir en santé et en beauté.

Au menu : lieux de rencontre pour les familles, promotion du mieux-être des enfants, groupes d'entraide, développement des habiletés parentales, répit aux parents, ateliers parents-enfants, activités intergénérationnelles, cuisines collectives, et plus encore.

Centraide investit dans le présent des familles pour mieux nourrir leur avenir.

→ Apporter son grain de sel

Il n'est pas facile de s'immerger dans une nouvelle culture, d'apprendre une nouvelle langue, de se trouver un logement et un emploi ou d'aider ses enfants à faire ses devoirs. Une trentaine d'organismes appuyés par Centraide œuvrent à faciliter l'accueil et l'intégration des nouveaux arrivants au Québec et à démontrer aux gens d'ici tous les avantages liés à la diversité des cultures et des expériences.

Au menu : information, écoute, aide et références, aide à la recherche du premier logement, soutien dans les démarches d'immigration, accompagnement avec interprète, dépannage alimentaire, et plus encore.

Centraide investit dans le présent des nouveaux arrivants pour mieux nourrir leur avenir.

→ Croquer dans la vie

Pour certains aînés, l'âge d'or est aussi celui de l'isolement et de la pauvreté. Au Québec, 305 000 personnes âgées vivent seules; 25 % d'entre elles doivent composer avec de faibles revenus. Dans tout le Québec, quelque 170 organismes appuyés par Centraide aident plus de 100 000 personnes âgées à briser l'isolement et à demeurer actives.

Au menu : milieux de vie pour les aînés, écoute, aide et référence, activités intergénérationnelles, activités sociales, culturelles et de loisirs, popotes roulantes, accompagnement, programmes de prévention des chutes, et plus encore.

Centraide investit dans le présent des aînés pour mieux nourrir leur avenir.

TABLE DES MATIÈRES

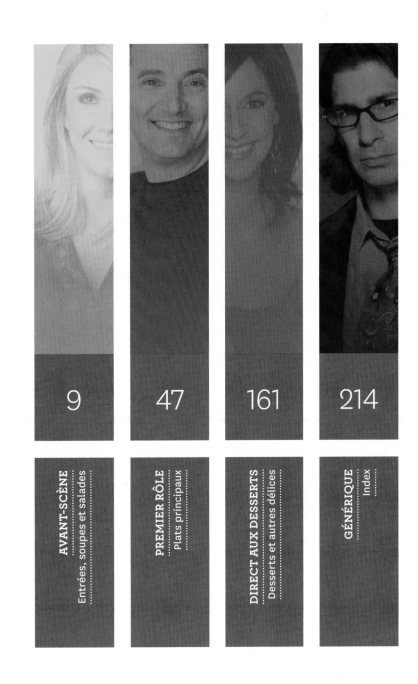

AVANT-SCÈNE

Entrées, soupes et salades

Soupes, salades et spécialités des quatre coins du monde :
voici en avant-scène quelques entrées qui ont su inspirer vos artistes préférés.
Bien sûr, rien ne vous empêche d'en faire un repas léger ou de les servir
comme accompagnement. Lumières, caméra, action !

→ *Depuis que je suis tout petit, mon déjeuner préféré,*
c'est 2 toasts au beurre de pinotte.
Tout ce qui goûte le beurre d'arachide est pour moi
un délice, y compris cette recette dont j'ignore l'origine...

BERNARD
FORTIN

On l'a découvert

Il était de la première mouture
de *Lance et compte* en 1986.

On le retrouve

Dans l'émission *Providence*,
il incarne Pierre Lavoie et il prête
aussi sa voix à plusieurs personnages
des Simpson.

Qu'a-t-il en commun avec Tom Hanks?

Spécialiste du doublage, il est l'une
des voix françaises de Tom Hanks, de
Forrest Gump à *Anges et démons*.

RAVIOLIS ASIATIQUES

Préparation → 30 min
Cuisson → 30 min
Portions → 6

→
Ingrédients

| | pâtes à won-ton ou *dumpling* du commerce (carrées ou rondes) | |

→
Farce

1/2 lb	poulet haché	250 g
1/4 t	champignons hachés	60 ml
1	oignon vert haché finement	1
1 c. à thé	gingembre frais, râpé	5 ml
2 c. à tab	céleri en très petits dés	30 ml
1 c. à tab	sauce soja	15 ml
	poivre noir du moulin	

→
Sauce

1/4 t	beurre d'arachide	60 ml
2/3 t	bouillon de poulet	160 ml
1 c. à thé	gingembre frais, râpé	5 ml
2 c. à tab	sucre	30 ml
1	pincée de flocons de piment fort	1

→
Garniture

| | coriandre fraîche | |
| | graines de sésame grillées | |

→
Préparation

1 Dans un bol, mélanger tous les ingrédients de la farce.

2 Déposer une petite quantité de farce au centre de chaque pâte à won-ton. Mouiller le contour de la pâte et bien sceller en formant de petits baluchons.

3 Faire bouillir une grande casserole d'eau légèrement salée, y plonger quelques raviolis et faire cuire une dizaine de minutes. (Ne pas mettre tous les raviolis en même temps pour éviter qu'ils ne collent les uns aux autres.) Lorsqu'ils sont cuits, les retirer à l'aide d'une grande cuillère trouée.

4 Entre-temps, préparer la sauce. Dans une casserole, mélanger tous les ingrédients et porter à ébullition en brassant pendant quelques minutes, jusqu'à épaississement.

5 Napper les raviolis de sauce, puis garnir le tout de coriandre et de graines de sésame.

→ *Voici une recette super facile d'Anne Desjardins,*
du restaurant L'Eau à la Bouche.
Une entrée parfaite pour un dîner d'amoureux !

FRANCE CASTEL

On l'a découverte

Tous ont pu apprécier son bagout dans l'émission *Du tac au tac*.

On la retrouve

Avec son complice Michel Barrette, elle tient la barre de *Pour le plaisir*, du lundi au vendredi.

La vieillesse l'inquiète?

Non, au contraire, elle veut représenter du «vrai monde» qui vieillit et a donc décidé d'assumer son âge.

PÉTONCLES RÔTIS, SAUTÉ DE CHOU CHINOIS AU GINGEMBRE ET AU BACON

Préparation → 15 min
Cuisson → 12 min
Portions → 2

→
Ingrédients

1 c. à tab	huile de canola	15 ml
2	tranches de bacon coupées en dés	2
1 t	chou chinois (de type nappa), émincé	250 ml
2	champignons shiitake émincés	2
3	petits oignons verts, 2 coupés en courts biseaux et 1 en longs biseaux	3
1/2 c. à thé	gingembre frais, râpé	2 ml
	sel	
	sauce tabasco	
4 oz	gros pétoncles frais	120 g

→
Sauce

	quelques gouttes de vinaigre de cidre	
	quelques gouttes de sirop d'érable	
3 c. à tab	sauce tamari (soja)	45 ml
1/2 c. à thé	gingembre frais, râpé	2 ml
	sauce tabasco	
	2 gousses d'ail écrasées (si vous aimez l'ail!)	

→
Préparation

1 Préparer d'abord la sauce en mélangeant bien tous les ingrédients dans un bol et réserver.

2 Dans un petit poêlon, chauffer 1 c. à tab (15 ml) de l'huile de canola, y ajouter le bacon et le faire rissoler. Ajouter le chou, les champignons, les oignons verts en courts biseaux, le gingembre, du sel et du tabasco au goût. Faire sauter 1 minute et retirer du feu.

3 Dans un poêlon antiadhésif, saisir les pétoncles dans un peu d'huile bien chaude, 2 minutes d'un seul côté. Saler.

4 Dans des assiettes chaudes, déposer le sauté de légumes et les pétoncles, arroser avec la sauce réservée et garnir avec les longs biseaux d'oignon vert.

SIMON DURIVAGE

On l'a découvert

Surtout comme chef d'antenne au *Montréal ce soir* et à l'émission *Le Point*.

On le retrouve

Il est entre autres journaliste-présentateur à RDI en direct, tous les matins du lundi au jeudi.

Est-il facile d'accès?

Grâce à son émission/site simondurivage.com, il continue de prendre le pouls des Québécois quant aux grands sujets d'actualité. Et toujours dans le bonheur, nous dit-il!

En première

TARTIFLETTE SAVOYARDE

Préparation → 20 min
Cuisson → 35 min
Portions → 8

→
Ingrédients

5 lb	pommes de terre (jaunes et blanches)	2,5 kg
1 c. à tab	sel	15 ml
2 c. à tab	huile d'olive	30 ml
4	oignons jaunes épluchés et émincés	4
1 lb	lardons	500 g
1/4 t	crème 35 %	60 ml
2	fromages Reblochon (450 g chacun)	2
	sel et poivre noir du moulin	

→
Préparation

1 Éplucher les pommes de terre et les couper en rondelles de 1/4 po (0,5 cm) d'épaisseur. Déposer dans une casserole, couvrir d'eau et ajouter le sel. Une fois que l'eau frémit, laisser cuire 10 minutes. S'assurer que les pommes de terre ne cuisent pas trop, il faut qu'elles restent un peu fermes.

2 Préchauffer le four à 425 °F (220 °C).

3 Dans un poêlon, chauffer l'huile et y faire suer les oignons en remuant. Ajouter les lardons et faire suer pendant quelques minutes en remuant toujours.

4 Égoutter les pommes de terre sans les passer à l'eau froide.

5 Beurrer un plat à gratin. Y étendre la moitié des pommes de terre et couvrir de la moitié du mélange oignons-lardons; répéter l'opération. Napper le tout de crème, saler et poivrer légèrement.

6 Couper les deux fromages Reblochon dans le sens de l'épaisseur. Les déposer CÔTÉ CROÛTE sur le mélange de pommes de terre, c'est important.

7 Mettre au four environ 15 à 20 minutes ou jusqu'à ce que le Reblochon soit fondu et légèrement doré. Retirer du four et servir, accompagné d'une petite salade de votre cru... Bon appétit.

→ *Avec ma fille qui habite Genève, nous traversons souvent en Haute-Savoie pour y chercher la meilleure tartiflette. Après une journée dans la neige, c'est le « top du comfort food », comme disent nos cousins. Laissez-vous aller mais pas trop, sinon vous aurez besoin de refaire du ski le lendemain...*

→ *Voici une recette tirée d'un livre familial que mes tantes, cousins et cousines ont créé pour que leurs secrets culinaires traversent le temps et que les autres générations aient le plaisir d'y goûter.*

VINCENT
GRATON

On l'a découvert

Il incarnait Émile, dans le grand téléroman historique *Le Parc des Braves*.

On le retrouve

Dans deux émissions à la fois, *Tactik II* et *L'Auberge du chien noir*.

Un homme de parole

Son éloquence bénéficie à plusieurs causes sociales et culturelles. Il a d'ailleurs été le porte-parole de la Guignolée des médias pendant cinq ans.

En première

LA TERRINE DE FOIE AUX FONDS D'ARTICHAUTS DE MA MÈRE

Préparation → 15 min
Cuisson → 1 h 30
Temps de réfrigération → 24 h
Portions → 4 ou plus

→
Ingrédients

	feuilles de laurier	
1 lb	gras de porc non salé	500 g
1 lb	foies de volaille	500 g
1	gros oignon	1
4	gousses d'ail	4
1	branche de céleri	1
1	pincée de sel	1
1	pincée de poivre	1
1	pincée de thym séché	1
1	pincée de marjolaine séchée	1
1	pincée d'origan séché	1
1	pincée de laurier	1
1	pincée de moutarde sèche	1
1	soupçon de clou de girofle	1
1	soupçon de cannelle	1
1	boîte de fonds ou cœurs d'artichauts, en purée (14 oz/398 ml)	1
1 oz	porto	30 ml
1 oz	cognac	30 ml

→
Préparation

1 Préchauffer le four à 350 °F (180 °C). Huiler un petit moule à terrine de 8 po x 4 po (20 cm x 10 cm) et disposer les feuilles de laurier tout autour.

2 Passer au hache-viande le gras de porc et les foies de volaille.

3 Nettoyer l'appareil en passant l'oignon, l'ail et le céleri. Ajouter les herbes et les épices à la préparation de viande. Bien mélanger.

4 Verser la moitié de la préparation de foie dans le moule, recouvrir de la purée d'artichauts, puis du reste de la préparation de foie. Recouvrir de papier aluminium.

5 Déposer le moule dans une lèchefrite et verser de l'eau bouillante dans la lèchefrite jusqu'à la mi-hauteur du moule. Cuire au four pendant 1 h 30.

6 Retirer la terrine du four, la badigeonner de porto et de cognac, puis réfrigérer pendant 24 heures avant de servir.

7 Accompagner de croûtons ou de pain au choix. Santé...

MICHEL CHARETTE

On l'a découvert

Il a tenu son premier rôle au petit écran dans la série *Blanche*.

On le retrouve

Au grand comme au petit écran, il appartient à la joyeuse équipe des *Boys*.

S'il avait à se décrire?

Il se dit comédien, tragédien, marionnettiste, danseur moderne, équilibriste et pantomime. Ouf!

En première

PORTOBELLOS ENROBÉS DE LEUR GRATIN COUTURE

Préparation → 15 min
Cuisson → environ 20 min
Portions → selon le nombre d'invités

→
Ingrédients

	farine en quantité suffisante	
	poivre noir du moulin	
	champignons portobellos, coupés en tranches d'environ 1/2 po (1 cm) (quantité selon le nombre de personnes)	
3 à 4	œufs	3 à 4
	chapelure à l'italienne	
	parmesan (ou Grana Padano) fraîchement râpé	
	enduit végétal	
	fleur de sel	

→
Préparation

1 Préchauffer le four à 350 °F (180 °C).

2 Poivrer la farine. Enrober chaque portobello de farine assaisonnée, secouer pour enlever l'excédent et réserver.

3 Dans un bol, battre les œufs, puis réserver.

4 Dans une assiette, mélanger un peu de chapelure à beaucoup de parmesan râpé, puis réserver.

5 Avec une pince à cuisiner, tremper les champignons dans le mélange d'œufs, puis les enrober du mélange de chapelure et parmesan. Déposer sur une plaque à cuisson allant au four, préalablement vaporisée d'enduit végétal.

6 Cuire au four le temps que les champignons soient bien dorés. Parsemer de fleur de sel et servir. Pas plus compliqué que ça!

→ *Cette entrée de mon ami Nick Couture amorce souvent de magnifiques soirées festives. Elle est généralement suivie d'un repas gargantuesque, accompagné de très grands vins. Puis, dodo de bonne heure parce que... trop de grands vins !*

→ Je fais cette recette depuis des années, en variant chaque fois les quantités et même les ingrédients de la sauce. C'est un plat tout simple qui fera la joie de vos invités lors d'un match de football ou de soccer, ou même d'un anniversaire.

PIERRE POIRIER

On l'a découvert

En collaboration avec Sylvie
Lussier, il a d'abord animé puis
écrit l'émission jeunesse
Bêtes pas bêtes plus.

On le retrouve

Depuis huit ans, il coécrit le
téléroman *L'Auberge du chien noir.*

Le duo le plus prolifique de la télé?

Toujours en tandem avec Sylvie
Lussier, il a aussi écrit le téléroman
*4 et demi, Les Zoolympiques,
Les Aventures tumultueuses
de Jack Carter* et le film *L'Odyssée
d'Alice Tremblay.*

En première

AILES DE POULET INOUBLIABLES

Préparation → 10 min
Cuisson → 15 min
Portions → 4

→
Ingrédients

2 à 3	douzaines d'ailes de poulet	2 à 3
	huile pour la friture	

→
Sauce*

2 c. à tab	huile végétale	30 ml
2 t	sauce Redhot	500 ml
1 c. à thé	sauce Worcestershire	5 ml
2 c. à thé	vinaigre de vin	10 ml
1 c. à thé	poudre d'ail	5 ml
2 c. à tab	sauce BBQ	30 ml
1 c. à thé	sauce à la Sichuanaise San-J	5 ml
1/2 t	ketchup	125 ml
2 c. à thé	beurre	10 ml
1/4 c. à thé	huile de piment rouge	1 ml

* Les quantités de certains ingrédients (sauce Redhot, Sichuanaise, etc.)
peuvent varier selon que vous aimiez vos ailes plus ou moins épicées.

→
Préparation

1 Couper le bout des ailes. Retirer la peau mince entre
les articulations et couper les ailes aux articulations.

2 Dans un poêlon ou une friteuse, chauffer
l'huile et y faire frire les ailes pendant une dizaine
de minutes ou jusqu'à ce qu'elles soient dorées
et croustillantes. Réserver.

3 Mélanger tous les ingrédients de la sauce jusqu'à
l'obtention d'une texture onctueuse.

4 Verser la sauce dans un wok et y ajouter les ailes. Remuer
pendant environ 1 minute, jusqu'à ce que les ailes soient
bien enrobées, puis poser le wok sur la cuisinière à feu vif.
Continuer de remuer les ailes pendant 2 bonnes minutes ou
jusqu'à ce qu'elles aient absorbé toute la sauce. Servir.

→ *Spécialité antillaise, les acras seraient originaires d'Afrique. Un délice que plusieurs servent avec une mayonnaise relevée de câpres et d'aneth.*

LISE MARTIN

On l'a découverte

En 2002, elle s'est révélée simultanément à nous dans deux émissions : *Le Bleu du ciel* et *Les Super Mamies*.

On la retrouve

Elle interprète Rose-Marie Léger, une enseignante anxieuse dans la quotidienne *Virginie*.

L'art imite la vie?

Parce qu'elle était enceinte, son personnage de *Virginie* l'est aussi devenu dans l'émission. Fabienne Larouche l'a envoyé vivre sa grossesse... dans un monastère!

ACRAS
DE MORUE

Préparation → 25 min
Cuisson → 25 min
Temps de repos → 30 min
Portions → 4

→
Ingrédients

1/2 lb	morue salée et séchée*	250 g
5	oignons verts	5
	OU	
3	échalotes	3
4	tiges de persil	4
1	branche de thym	1
1	piment fort	1
2	gousses d'ail	2
2 t	farine	250 g
1/2 c. à thé	levure chimique (poudre à pâte)	2 ml
2	œufs	2
	poivre noir du moulin	
	huile	

* On trouve dans le commerce de la belle morue toute nettoyée (sans peau ni arêtes) et même des sachets de petits morceaux de morue qui se prêtent fort bien à la préparation des acras.

→
Préparation

1 Laver la morue à grande eau. La déposer dans une grande casserole, la recouvrir d'eau et faire bouillir environ 10 minutes pour la dessaler. Réserver l'eau pour préparer la pâte. Si la morue est entière, la couper en petits cubes et déposer ceux-ci dans un grand bol.

2 Hacher finement les oignons verts ou les échalotes, le persil, le thym et le piment. Écraser l'ail et incorporer le tout à la morue.

3 Ajouter la farine et la levure, puis remuer.

4 Faire un puits au centre du mélange de morue et y verser 2 verres (8 oz/250 ml) de l'eau de cuisson réservée, en remuant. Poivrer au goût.

5 Séparer les jaunes des blancs d'œufs. Mélanger les jaunes d'œufs à la pâte et monter les blancs en neige ferme dans un grand bol au mélangeur ou au batteur, puis les incorporer au mélange de morue. Laisser reposer 30 minutes environ. Goûter et rectifier l'assaisonnement.

6 Faire chauffer l'huile afin qu'elle soit bouillante. Déposer de petites cuillerées de pâte dans l'huile. Laisser gonfler et dorer les acras sur toutes les faces, les égoutter sur du papier absorbant et servir très chaud.

Note. Ne pas ajouter de sel, car l'eau de la morue sera suffisamment salée.

CHAMPIGNONS EN CRÈME

Préparation → 5 min
Cuisson → 15 min
Temps de trempage → selon les champignons utilisés
Portions → 4

→
Ingrédients

1	paquet de champignons sauvages séchés, au choix	1
2 à 3 c. à tab	beurre	30 à 45 ml
1/2	oignon rouge haché finement	1/2
1/4 t	vin blanc	60 ml
1 c. à thé	fleur d'ail	5 ml
1/2 t	crème 15 %	125 ml
	sel et poivre noir du moulin	

→
Préparation

1 Réhydrater les champignons choisis selon les instructions données sur l'emballage. Réserver l'eau de trempage.

2 Dans un poêlon chaud, faire fondre le beurre et y saisir les champignons avec l'oignon. Lorsqu'ils sont bien cuits, verser le vin et laisser réduire.

3 Ajouter la fleur d'ail, la crème, un peu d'eau de trempage des champignons, du sel et du poivre. Laisser cuire 5 minutes à feu doux, le temps que tous les ingrédients fassent connaissance.

4 Et hop! Délicieux en entrée sur un bon pain croûté chaud ou pour accompagner un steak!

MARTIN LAROCQUE

On l'a découvert

Il incarnait M. Tocquard dans l'émission jeunesse *Fripe et pouille*. Son Hercule Bellehumeur, professeur d'éducation physique dans *Virginie*, a aussi beaucoup marqué.

On le retrouve

En plus de jouer au théâtre et à la télé, il a signé un livre de chroniques, *Papa 24/7*.

Son rêve d'enfant?

Travailler à Radio-Canada! Tout petit, son papa l'avait emmené à l'une des premières journées portes ouvertes de la SRC, un tournant dans sa vie.

→ *L'origine de ce plat m'est inconnue.*
À force de faire des recettes,
d'en copier, d'en improviser,
disons que je me les approprie.
Voici mon plat doudoune,
mon « comfort food » du
dimanche soir, en tête-à-tête
avec mon amoureuse ou
en apéro avec des amis…
Un vrai régal !

→ *Ma mère nous servait cette soupe quand on était grippés
ou atteints de la malaria. C'est mon antidote à la nostalgie.
Je l'ai légèrement adaptée aux saveurs du Québec. Elle a fait
sensation à l'émission* Des kiwis et des hommes.

À la soupe

SOUPE DE POISSON DE MAMAN DIOUF

Préparation → 15 min
Cuisson → 35 min
Portions → 4

→
Ingrédients

1	oignon haché finement	1
4	gousses d'ail hachées	4
1	gros filet d'huile végétale	1
4	tomates bien mûres coupées en dés	4
2	filets de tilapia coupés en petits morceaux	2
2	grosses pommes de terre, pelées et coupées en dés	2
	piments forts frais, hachés (au goût, ça dépend de vous)	
1	cube de concentré de bouillon de légumes	1
1	pincée de coriandre et de cumin	1
	eau pour couvrir	
1	bouquet garni (tiges de coriandre et de persil, feuille de laurier, branche de thym)	1
	sel et poivre noir du moulin	
	pain baguette, tranché et grillé au four	

→
Préparation

1 Dans un chaudron de taille moyenne, faire revenir l'oignon et l'ail dans l'huile, ajouter les tomates et faire cuire le tout quelques minutes.

2 Ajouter le reste des ingrédients, à l'exception du pain. Porter à ébullition, puis faire mijoter environ 30 minutes à faible frémissement.

3 Servir la soupe avec des croûtons de bon pain baguette.

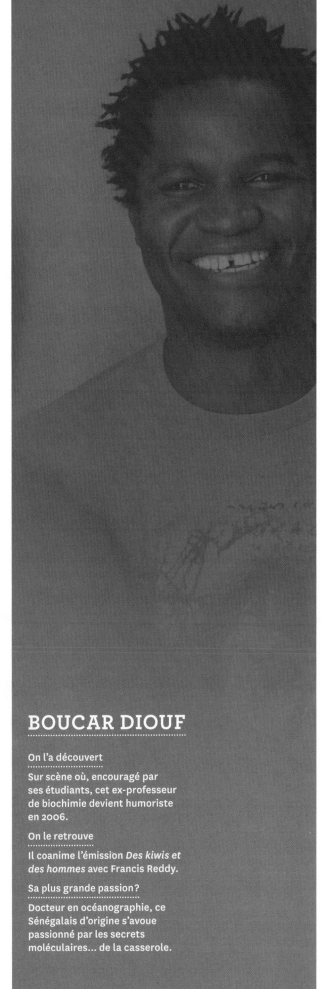

BOUCAR DIOUF

On l'a découvert

Sur scène où, encouragé par ses étudiants, cet ex-professeur de biochimie devient humoriste en 2006.

On le retrouve

Il coanime l'émission *Des kiwis et des hommes* avec Francis Reddy.

Sa plus grande passion?

Docteur en océanographie, ce Sénégalais d'origine s'avoue passionné par les secrets moléculaires... de la casserole.

SOUPE AUX LÉGUMES

Préparation → 10 min
Cuisson → 2 h
Temps de repos → 30 min
Portions → une chaudronnée

→
Ingrédients

1	os à soupe ou carcasse de poulet	1
3	carottes	3
3	branches de céleri	3
1/2	navet	1/2
1	gros oignon	1
1 t	orge mondé	250 ml
1	boîte de tomates en dés (19 oz/540 ml)	1
3 c. à tab	herbes salées du Bas-du-Fleuve	45 ml
2 t	jus de légumes (facultatif)	500 ml
	poivre noir du moulin	

→
Préparation

1 Dans un grand chaudron, mettre de l'eau jusqu'aux trois quarts, y déposer l'os à soupe ou la carcasse de poulet et faire bouillir pendant 1 heure. Retirer l'os.

2 Entre-temps, couper les légumes en petits morceaux. Les ajouter dans le bouillon avec l'orge, les tomates, les herbes salées et le jus de légumes, si désiré. Poivrer et faire bouillir 1 heure, en brassant de temps en temps.

3 Laisser reposer la soupe une demi-heure. Servir et plonger… mais attention, c'est chaud !

HUBERT PROULX

On l'a découvert

Alors qu'il tenait le rôle de Mathieu dans la quatrième saison de *Fortier*.

On le retrouve

Il joue l'enseignant Bobby Rajotte, décrit comme un insoumis éduqué, dans la quotidienne *Virginie*.

Un acteur qui s'investit à 100 % ?

Malgré son jeune âge, il a déjà mérité le Prix du lieutenant-gouverneur du Québec, pour son engagement social au sein de l'École nationale de théâtre du Canada.

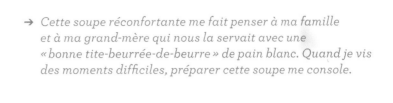

→ *Cette soupe réconfortante me fait penser à ma famille et à ma grand-mère qui nous la servait avec une « bonne tite-beurrée-de-beurre » de pain blanc. Quand je vis des moments difficiles, préparer cette soupe me console.*

→ *Notre famille appelle cette soupe la rouille d'Espagne*
de grand-papa Paul, le seul à la réussir à la perfection.
Pas étonnant puisqu'il en a mangé tous les jours
lors d'un voyage d'un mois dans le midi de la France...

INGRID FALAISE

On l'a découverte

Dans *Tribu.com* où elle interprétait
le rôle d'Ophélie.

On la retrouve

Elle fait partie de la grande famille
de *Virginie*, où elle interprète
Martine Larose, professeur d'arts
plastiques et éternelle amoureuse.

D'où lui vient son prénom?

De sa mère suédoise. Ingrid parle
d'ailleurs couramment le suédois.

SOUPE AUX POISSONS ET SA ROUILLE

Préparation → 20 min
Cuisson → 50 min
Portions → 4

→
Ingrédients
Soupe aux poissons

1/2 t	huile d'olive	125 ml
4	oignons moyens émincés	4
1 t	poireaux coupés en julienne	250 ml
8 t	eau OU un mélange de 2 t (500 ml) de vin blanc sec et 6 t (1,5 l) d'eau	2 l
2 lb	reste de poissons*	1 kg
3 lb	tomates mûres, coupées en morceaux	1,5 kg
1 c. à thé	ail haché finement	5 ml
1/2 t	graines de fenouil séché, écrasées	125 ml
1 c. à thé	thym séché	5 ml
1/4 c. à thé	filaments de safran	1 ml
2	branches de persil	2
1	feuille de laurier écrasée	1
	zeste râpé de 1 orange	
12	croûtons de pain grillé	12
1 t	gruyère râpé	250 ml
	sel et poivre	

→
Préparation
Soupe aux poissons

1 Chauffer l'huile d'olive à feu doux dans une très grande casserole. Y ajouter les oignons et les poireaux, puis cuire en remuant pendant 5 minutes ou jusqu'à tendreté. Ne pas faire brunir.

2 Ajouter l'eau (ou le mélange eau et vin), les poissons, les tomates, l'ail, les herbes et le zeste d'orange. Saler, poivrer et cuire pendant 30 minutes. Passer le tout à la moulinette ou, à défaut, utiliser un tamis et une spatule afin d'extraire le jus de cuisson. Réserver ce jus.

*Tels les poissons classiques de la bouillabaisse : rascasse, congre, merlan, saint-pierre, lotte, poisson de roche...

→
Ingrédients
Rouille

2	poivrons verts coupés en dés	2
1	piment rouge séché écrasé ou quelques gouttes de sauce tabasco	1
2	pots de 170 ml de piments rôtis (d'Espagne), égouttés et essorés	2
1	verre (8 oz/250 ml) d'eau	1
4	gousses d'ail émincées	4
6 c. à tab	huile d'olive	90 ml
1 à 3 c. à thé	chapelure de mie de pain	5 à 15 ml
	sauce tabasco ou flocons de piments forts	

→
Préparation
Rouille

3 Dans une casserole moyenne, combiner les poivrons, les piments et un verre d'eau. Faire mijoter environ 10 minutes jusqu'à tendreté. Égoutter et essorer les légumes à l'aide d'une serviette de papier.

4 Dans un mortier ou au robot, combiner le mélange de poivrons et l'ail. Réduire en purée jusqu'à l'obtention d'une pâte lisse. Ajouter l'huile d'olive petit à petit.

5 Incorporer suffisamment de chapelure pour épaissir le mélange. Goûter... Si nécessaire, assaisonner de tabasco ou d'un soupçon de piments forts, au goût. Tartiner chaque croûton de pain avec cette rouille.

6 À la table, déposer les croûtons dans des bols individuels. Verser la soupe aux poissons sur les croûtons. Saupoudrer de gruyère râpé, au goût.

SOUPE-REPAS TONKINOISE

Préparation → 45 min
Cuisson → 15 min
Temps de trempage et marinade → 30 min
Portions → 4

→
Ingrédients

8 t	bouillon de poulet maison ou bio (environ)	2 l
1	gros bouquet de coriandre	1
3/4 oz	champignons shiitake séchés	20 g
1 c. à tab	miel	15 ml
2 c. à tab	sauce soja (j'aime bien la Kikkoman)	30 ml
2	grosses poitrines de poulet en morceaux d'environ 1/2 po (1 cm)	2
3 à 4 c. à tab	gingembre frais, râpé	45 à 60 ml
8 oz	vermicelles de riz	250 g
	crevettes de bonnes tailles, précuites et équeutées	
2 t	feuilles de jeunes épinards	500 ml
2 t	fèves germées	500 ml
	plusieurs petits bok choys, coupés en gros morceaux	
	sauce chili vietnamienne (communément appelée chili garlic sauce) (facultatif)	
	sel et poivre noir du moulin	

→
Préparation

1 Préchauffer le four à 425 °F (220°C).

2 Dans une grande casserole, faire frémir le bouillon de poulet et y jeter le bouquet de coriandre. Laisser le bouillon s'imprégner du parfum…

3 Dans un petit bol, recouvrir les champignons d'eau tiède et laisser reposer une quinzaine de minutes.

4 Dans un plat, mélanger le miel et la sauce soja. Y tremper les poitrines de poulet et les déposer au réfrigérateur une quinzaine de minutes. Les déposer sur une plaque de cuisson recouverte de papier d'aluminium et les faire cuire au four une quinzaine de minutes de chaque côté, sur la grille du haut. Les sortir du four et les réserver.

5 Retirer la coriandre du bouillon de poulet, puis y ajouter le gingembre, les champignons et leur eau de trempage. Saler et poivrer au goût. Garder au chaud sur la cuisinière.

6 Faire cuire une ou deux minutes les vermicelles de riz dans une casserole d'eau bouillante légèrement salée. Retirer les vermicelles cuits, les égoutter et les passer sous l'eau froide. Réserver.

→
Au moment de servir et pour chaque personne

7 Utiliser de très grands bols à soupe (si possible, achetés dans le quartier chinois avec les cuillères aussi !). Placer dans chacun : 4 à 5 morceaux de poulet, 4 à 5 crevettes, 1 bonne poignée de vermicelles, 1 petite poignée de jeunes épinards et 1 petite poignée de fèves germées.

8 Dans la casserole de bouillon TRÈS CHAUD, déposer les bok choys et attendre 2 à 3 minutes. Verser du bouillon dans le bol à soupe de chaque convive, puis répartir les bok choys et les champignons entre les bols.

9 À chacun maintenant d'y ajouter, au goût, un peu de sauce soja ou, pour les plus téméraires, un peu de sauce chili…

→ *J'ai toujours eu un faible pour les soupes vietnamiennes, délicieuses et réconfortantes. Cette recette n'a rien de compliqué, mais elle saura exercer votre patience, car elle comporte plusieurs petites étapes… Un délice et un tue-grippe extraordinaire !*

PASCALE NADEAU

On l'a découverte

À l'animation du premier bulletin de nouvelles à l'ouverture de TQS.

On la retrouve

Avec Céline Galipeau, elle est chef d'antenne du *Téléjournal* du *week-end*. Deux femmes aux commandes des nouvelles, voilà une première télévisuelle !

Vive le sens de l'humour

Au collège, elle faisait continuellement le pitre en classe. Aujourd'hui, elle considère encore que l'humour est une soupape essentielle, surtout dans un téléjournal.

→ *Cette recette ne manque pas d'originalité, tout en étant simple, rapide à préparer et savoureuse. Elle appartient à la liste des petits bonheurs que je partage avec mes proches. Comme c'est une torture de donner les quantités exactes, adaptez-la à votre guise.*

SOPHIE-HÉLÈNE LEBEUF

On l'a découverte

À la Première Chaîne où, derrière le micro, elle a fourbi ses premières armes radiophoniques.

On la retrouve

À Radio-Canada.ca, elle assure la chronique d'actualité *Sur le web* et partage ses découvertes sur les ondes de RDI ainsi qu'à l'émission *Désautels*.

Comment se décrit-elle?

Comme une enfant de l'esprit multimédia de Radio-Canada en ce XXIe siècle, explorant pour nous l'univers virtuel de la Grande Toile…

À la soupe

SOUPE DE FRUITS DE MER AUX PARFUMS D'ORIENT

Préparation → 20 min
Cuisson → 8 à 10 min
Portions → 4

→
Ingrédients

	huile d'olive	
1	blanc de poireau émincé	1
3 c. à tab	pâte de cari rouge	45 ml
3 c. à tab	citronnelle hachée (si désiré, on peut l'acheter congelée, c'est plus facile à utiliser)	45 ml
1/2	poivron rouge coupé en lanières	1/2
1/2	poivron orange coupé en lanières	1/2
28 oz	lait de coco	800 ml
1 3/4 t	fumet de poisson (ou bouillon de poulet ou de légumes)	410 ml
2 c. à tab	sauce de poisson thaïe	30 ml
1 lb	fruits de mer au choix (chair de crabe, pétoncles, crevettes décortiquées, etc.)	500 g
2	oignons verts émincés	2
1/4 t	coriandre ou basilic frais (pour la décoration et le goût !)	60 ml
1	lime coupée en quatre (pour la garniture)	1
	quelques crevettes à moitié décortiquées ou des pinces de crabe (pour la garniture)	

→
Préparation

1 Dans un grand chaudron ou un wok, chauffer l'huile à feu moyen et y faire revenir le poireau, la pâte de cari, la citronnelle et les poivrons environ 1 minute. Ajouter le lait de coco, le fumet de poisson ou le bouillon et la sauce de poisson. Porter à ébullition et brasser.

2 Ajouter ensuite les fruits de mer et faire cuire de 4 à 5 minutes (si les fruits de mer sont déjà cuits, les faire chauffer seulement 2 minutes). Une minute avant la fin, ajouter les oignons verts et la moitié de la coriandre ou du basilic. Brasser la soupe et la servir dans des bols individuels.

3 Sur le bord de chaque bol, pour la touche finale, disposer un quartier de lime, le reste de la coriandre ou du basilic, deux ou trois crevettes ou une pince de crabe, au choix.

GENEVIÈVE BROUILLETTE

On l'a découverte

En 1989, alors qu'elle tenait le rôle de Marie-Ange dans la série *Blanche*.

On la retrouve

Elle risque le tout pour le tout chaque semaine dans le téléroman *Belle-Baie*, où elle joue une femme d'affaires.

Son plus grand rôle ?

Aucun doute : celui d'Hélène Charbonneau dans *Rumeurs*, rôle qui lui a d'ailleurs valu un prix Gémeaux.

Frais servi

CREVETTES, POMME VERTE ET AVOCAT AU CARI

Préparation → 10 min
Cuisson → 5 min
Portions → 2

→
Ingrédients

1 c. à tab	huile d'olive	15 ml
10	crevettes moyennes crues, décortiquées	10
1	pomme verte	1
1	avocat	1
1 c. à tab	mayonnaise	15 ml
	cari	
4	feuilles de laitue Boston	4
	poivre noir du moulin	

→
Préparation

1 Dans un poêlon, chauffer l'huile d'olive et y faire sauter les crevettes. Laisser refroidir à température ambiante.

2 Peler la pomme verte et l'avocat, puis les couper en morceaux moyens.

3 Dans un bol, mélanger les crevettes, les morceaux d'avocat et de pomme ainsi que la mayonnaise. Si nécessaire, ajouter de la mayonnaise pour bien enrober le tout. Saupoudrer de cari au goût (la préparation doit prendre une belle teinte ocre).

4 Déposer 2 feuilles de laitue Boston au fond de deux jolies assiettes à entrée et verser la moitié de la préparation de crevettes dans chacune. Un tour de moulin à poivre et voilà une salade-entrée rafraîchissante !

→ *Cette entrée légère, que je fais depuis toujours,
est une recette de mon ami Yanic Truesdale. C'est le genre
idiot proof... en d'autres termes, impossible de la rater !*

→ *Je garde un merveilleux souvenir d'un après-midi ensoleillé, assis confortablement sur une terrasse, sirotant un verre de rosé sur fond de musique douce, où la femme qui partage ma vie m'a servi ce mets exquis d'une fraîcheur sublime...*

MICHEL VIENS

On l'a découvert

Comme journaliste et animateur radio à CKAC pendant 18 ans.

On le retrouve

À *RDI en direct* l'après-midi à partir de 13 h 30.

Est-il un vrai lève-tôt?

Oui. Le lever aux aurores était une constante dans sa vie, même avant d'animer notre réveil à tous.

Frais servi

ARC-EN-CIEL DE MANGUES, D'AVOCATS ET DE CREVETTES

Préparation → 20 à 25 min
Cuisson → aucune
Portions → 8

→
Ingrédients

2	avocats coupés en morceaux et arrosés de jus de lime	2
	jus de 3 limes	
	huile d'olive extra vierge	
	crevettes de Matane cuites et bien égouttées	
	feuilles de coriandre ciselées (réserver quelques feuilles pour la garniture)	
2	mangues coupées en dés	2
	vinaigre balsamique	
	gingembre frais, haché	
2	boîtes de mandarine en quartiers (10 oz/284 ml chacune)	2
	graines de sésame noir	
1	carambole tranchée et arrosée de jus de lime	1
	fleur de sel	
	poivre noir du moulin	

→
Préparation

Dans 8 coupes allongées ou dans des petits verres de forme allongée, étager les ingrédients comme suit :

1 Déposer l'avocat au fond. Arroser de jus de lime et d'huile d'olive, puis saupoudrer de fleur de sel et de poivre.

2 Déposer les petites crevettes et un peu de coriandre ciselée sur le dessus.

3 Déposer les dés de mangue sur les crevettes, arroser d'un peu de vinaigre balsamique, saupoudrer de fleur de sel et d'un peu de gingembre haché.

4 Déposer les quartiers de mandarine sur la mangue, parsemer de graines de sésame noir et arroser de jus de lime.

5 Décorer chaque coupe d'une étoile de carambole et d'une feuille de coriandre.

MICHEL DÉSAUTELS

On l'a découvert

Il s'est imposé à la barre du grand magazine radio d'après-midi, le *Montréal-Express*.

On le retrouve

Il anime l'émission d'actualité et d'affaires publiques qui porte son nom, tous les après-midi sur les ondes de la radio de Radio-Canada.

Son rêve d'enfant?

Passionné de baseball et d'écriture, il voulait réussir un attrapé parfait au poste d'arrêt-court et être capable de faire des alexandrins qui se tiennent...

Frais servi

SALADE FROIDE DE CREVETTES AUX AGRUMES

Préparation → 10 min
Cuisson → aucune
Portions → 4

→
Ingrédients

1 3/4 lb	grosses ou moyennes crevettes cuites surgelées, décortiquées et déveinées	800 g
	chair et jus de 2 gros pamplemousses roses	
	jus de 2 grosses limes	
	petite botte de coriandre fraîche	
	chair de 2 beaux avocats taillée en dés	
	petit piment fort taillé très finement	
	huile d'olive	
	poivre noir du moulin	
	gros sel de Guérande	

→
Préparation

1 Faire décongeler les crevettes, les rincer et les déposer dans un grand bol à salade.

2 Ajouter la chair et le jus des pamplemousses, puis arroser du jus de limes.

3 Passer quelques coups de ciseaux dans la botte de coriandre, en laissant tomber le tout dans le bol.

4 Ajouter les dés d'avocat et le piment. Arroser d'huile d'olive à volonté et poivrer.

5 Parsemer de sel de Guérande, si possible avec de gros grains (c'est super quand on en croque un de temps à autre). Servir.

→ *Cette recette est géniale avec une vodka glacée
ou un sancerre... et surtout de la bonne compagnie.*

→ *Mon ami le Dr Jean-François Chicoine est fou du fromage en grains, le vrai, l'artisanal. J'ai voulu lui concocter une recette simple et délicieuse. Tomates, fromage frais, basilic et huile d'olive : voici la version quebecese de la salade calabrese.*

Frais servi

SALADE DE TOMATES CERISES ET DE FROMAGE EN GRAINS

Préparation → 15 min
Cuisson → aucune
Portions → 4

→

Ingrédients
Vinaigrette

2 c. à tab	vinaigre de vin blanc	30 ml
2 c. à tab	huile d'olive	30 ml
2 c. à tab	ciboulette fraîche, ciselée	30 ml
1 c. à thé	sucre	5 ml
1	pointe d'ail hachée finement	1

→

Salade

3 t	tomates cerises de couleurs variées, coupées en deux	750 ml
1 1/2 t	fromage en grains	375 ml
1 t	petites feuilles de basilic frais (ou grosses feuilles hachées)	250 ml
	sel et poivre	

→

Préparation

1 Dans un saladier, mélanger tous les ingrédients de la vinaigrette.

2 Ajouter les ingrédients de la salade. Saler et poivrer.

RICARDO LARRIVÉE

On l'a découvert

Pendant plusieurs années, Ricardo a réveillé notre appétit dans les cuisines des *Saisons de Clodine*.

On le retrouve

Il anime sa propre émission de cuisine à Radio-Canada et nous reçoit à *Ricardo and Friends* sur le Food Network.

Un cuisinier engagé

Il est porte-parole de la Tablée des chefs, un organisme offrant cours de cuisine et camps de vacances à des jeunes provenant de milieux défavorisés.

Frais servi

SALADE D'ÉTÉ

Préparation → 5 min
Cuisson → aucune
Portions → 2

→
Ingrédients

1	orange	1
2	tomates	2
3	boules de fromage bocconcini	3
	quelques feuilles de basilic	
8	olives vertes hachées grossièrement	8
	sel et poivre noir du moulin	

→
Vinaigrette

	huile d'olive extra vierge	
	vinaigre balsamique	
	soupçon de sirop d'érable	
1/2 c. à tab	moutarde de Dijon	7 ml

→
Préparation

1 Peler l'orange à vif et la trancher finement (conseil : enlever la membrane blanche qui est très amère).

2 Trancher finement les tomates, puis les boules de bocconcini.

3 Dans des assiettes, disposer les tranches d'orange, de tomate et de bocconcini.

4 Parsemer de feuilles de basilic et d'olives hachées.

5 Dans un bol, bien mélanger tous les ingrédients de la vinaigrette et en arroser chaque salade. Saler et poivrer au goût. Bon appétit !

SÉBASTIEN BENOÎT

On l'a découvert

Comme animateur, interviewer, reporter et chroniqueur à l'émission showbiz *Flash* de TQS.

On le retrouve

Il anime *Pyramide*, un jeu-questionnaire intelligent et exaltant.

Bourreau de travail, peut-être?

C'est par amour du métier si on le voit et on l'entend partout, mais c'est surtout parce qu'il a ça dans le sang, nous dit-il.

→ Voici une recette inspirée d'une idée lancée
par le proprio du restaurant Le Local à Montréal,
Louis-François Marcotte. Mon ami Louis
aime bien voir ses recettes transformées. Il serait fier !

PREMIER RÔLE

Plats principaux

Au programme de votre prochain repas, souvenirs de voyage,

histoires de pêche, trucs de gars et grands classiques du samedi soir…

Nos chefs d'un jour se révèlent aussi à travers les plats maison

qui ont souvent bercé leur enfance. Bon appétit.

MATCH
des étoiles

Ils sont des mordus de la tourtière, ne jurent que par leur lasagne et ont la patience

nécessaire pour braiser toute la journée! Plusieurs de nos artistes se vantent

d'avoir LA recette, la VRAIE, celle qui éclipse toutes les autres. Nous leur passons

la parole (et la cuillère de bois!) dans 3 «matchs des étoiles» où se mesurent

leurs versions. À vous de les cuisiner et de vous faire votre propre opinion!

VERSION 1
6 ingrédients,
2 nuits de temps,
voici une version
« pure et dure »

TOURTIÈRE DU LAC-SAINT-JEAN (LA VRAIE RECETTE...)

Préparation → 20 min
Cuisson → 1 nuit
Temps de repos → 1 autre nuit
Portions → 6 à 8

→
Ingrédients

4 3/4 lb	cubes de viande à tourtière (bœuf et porc)	2,25 kg
1	gros oignon haché	1
4 3/4 lb	pommes de terre pelées	2,25 kg
2	abaisses de pâte à tarte	2
1	boîte de bouillon de bœuf (10 oz/284 ml)	1
1	boîte de bouillon de poulet (10 oz/284 ml)	1
	sel et poivre noir du moulin	
	eau	

→
Préparation

1 Dans un bol, mélanger la viande et l'oignon. Saler et poivrer. Couvrir et laisser reposer une nuit au réfrigérateur.

2 Le lendemain, couper les pommes de terre en cubes et les ajouter à la préparation de viande.

3 Déposer la première abaisse de pâte dans un plat profond allant au four et muni d'un couvercle. Y verser la préparation de viande et de pommes de terre. Ajouter les bouillons de bœuf et de poulet, puis suffisamment d'eau pour monter jusqu'à 3/4 po (2 cm) du rebord de votre plat. Recouvrir le tout de la deuxième abaisse de pâte. Fermer avec le couvercle.

4 Cuire au four à 425 °F (220 °C) environ 1 heure, jusqu'à ébullition. Réduire le four à 200 °F (95 °C) et cuire toute une nuit. Retirer le couvercle environ 2 à 3 heures avant la fin de la cuisson pour obtenir une pâte de belle couleur.

MICHEL BARRETTE

On l'a découvert

Il était notre Roland Hi! Ha! national avant de révéler ses talents d'acteur sérieux dans la télésérie *Scoop*.

On le retrouve

Aux côtés de France Castel, il coanime *Pour le plaisir* tous les jours de la semaine.

Sa vie avant la comédie?

Avant de tenter sa chance comme humoriste, il s'est engagé dans les forces armées, est devenu agent de collection, puis directeur de crédit d'une caisse pop!

→ *Attention, les autres pourront prétendre ce qu'ils veulent, voici la VRAIE recette de la tourtière du Lac-Saint-Jean !*

→ *En bon Bleuet d'adoption que je suis, il me semblait incontournable de partager avec vous MA recette de tourtière du Saguenay–Lac-Saint-Jean… Mais je dois tout de suite vous dire que je ne la fais jamais de la même façon, alors je vous suggère l'inspiration…*

LOUIS LEMIEUX

On l'a découvert

Avec 20 ans de journalisme derrière lui, il est propulsé à l'avant-plan lorsque le déluge frappe durant ses vacances au Saguenay. Sa couverture devient le premier succès de l'information continue à RDI.

On le retrouve

Il anime le *Matin Express* week-end à RDI.

L'homme de tous les événements

Des attentats du 11 septembre au tireur fou de la banlieue de Washington, il a été appelé à couvrir les grands événements des dernières années.

MA TOURTIÈRE À MOI...

VERSION 2
Laissez-vous bercer
et inspirer : voici la
version avec
du bagout !

Commencez par faire une première tourtière, pour le plaisir et pour ajuster vos goûts, préférences et méthode selon les ingrédients et outils que vous choisirez.

D'abord et avant tout, il faut respecter la tradition et se souvenir que la différence entre la tourtière et le pâté à la viande, c'est qu'on utilise de la viande hachée pour le pâté et des cubes de viandes pour la tourtière. Tout aussi important, il faut plusieurs sortes de viandes, dont au moins du lièvre, qu'on peut maintenant trouver partout, y compris à Montréal dans les merveilleux marchés publics de la métropole.

Puisqu'on en est là : la viande. Il va sans dire que toutes les viandes de gibier sont à privilégier, l'orignal particulièrement. Le lièvre est incontournable, sinon autant faire autre chose. En ce qui me concerne, j'opte plus souvent qu'autrement pour trois bêtes : le lièvre, le veau et le boeuf. Mais pour ceux qui ont plus de gibier, il ne faut surtout pas se gêner. Il suffit de changer les proportions en réduisant, voire idéalement en éliminant les viandes de boucherie.

J'avoue que le dépeçage du lièvre n'est pas une mince tâche... S'y adonner n'en est que plus méritoire. Bref, désossez le lièvre en conservant un maximum de chair, même les plus petits morceaux, et faites des cubes de grosseur comparable, idéalement de la grosseur d'un dé à jouer, l'équivalent en boeuf et veau que vous aurez sélectionné disons parmi les belles coupes de viande. Si le temps le permet, faites mariner la viande dans de l'alcool. Moi, j'utilise du vin rouge rehaussé de quelques herbes fraîches. C'est à votre goût.

Les légumes maintenant... Oui, « les légumes », parce que ma recette à moi inclut des carottes. Une hérésie pour certains Bleuets, mais moi, je préfère. On coupe les carottes et les patates en cubes, de la même grosseur que les cubes de viande, dans une proportion de 3 pour 1 en faveur des patates et une quantité totale de légumes égale à la viande. Et on mélange le tout en ajoutant 2 oignons en cubes. La cocotte est idéale. Parfait aussi : le gros chaudron à poignées en fonte. Mais les gros plats de lasagne en aluminium font l'affaire. Il faut compter une bonne dizaine de centimètres de haut pour qu'il y ait suffisamment de place. Sans être indispensable, le couvercle est vraiment utile.

Évidemment, il y a la pâte. Pas dans le fond ni nécessairement sur les côtés, mais une belle grosse couche de pâte à tarte sur le dessus, qu'on couvre ensuite avec du papier d'aluminium ou, encore mieux, avec le couvercle, pour qu'elle ne brûle pas trop. Mais elle va brûler, ne serait-ce que lorsqu'on la découvre à la fin de la cuisson avant de la sortir du four.

La température varie d'un plat et d'un four à l'autre, mais on parle généralement d'au moins 4 heures à 350 °F (180 °C). On aura fait des ouvertures dans la pâte pour servir de cheminées et pour pouvoir arroser en mouillant bien la première fois, puis une fois à l'heure, sauf la dernière heure.

Après avoir dégusté une première tourtière, vous pourrez créer VOTRE propre version !

→ *Chaque famille du Saguenay–Lac-Saint-Jean possède sa recette de tourtière et c'est toujours la meilleure du monde! Chaque fois que notre famille se réunit, ma mère cuisine SA tourtière, synonyme de soirées bien arrosées, de discussions animées et de déjeuners du lendemain composés d'une aspirine déglacée au Pepto Bismol...*

DANY TURCOTTE

On l'a découvert

Sur les planches, au sein du Groupe Sanguin, où il nous a fait bien rire avec ses personnages farfelus dont le célèbre Dany Verveine.

On le retrouve

Au petit écran, comme animateur de *La Petite séduction* et à *Tout le monde en parle* où il incarne le fou du roi.

Un prix vraiment unique

Il est le seul récipiendaire de l'Olivier du meilleur personnage humoristique, pour Dany Verveine, la catégorie ayant été retirée l'année suivante.

TOURTIÈRE DU LAC-SAINT-JEAN DE DANY

VERSION 3
2 bières, 1 nuit,
quelques raccourcis :
voici la version
«gueule de bois»

Préparation → 2 bières
Cuisson → 8 à 9 h
Temps de marinade → 1 nuit
Portion → un bon gros groupe
de joyeux mangeurs n'ayant pas peur
des brûlements d'estomac !

→

Ingrédients

3 lb	viande au choix, coupée en cubes (l'idéal est de la viande de bois mais on peut mélanger veau, porc et bœuf)	1,5 kg
	vin rouge pour couvrir la viande	
1	bonne boule de pâte à tarte maison (du commerce peut faire l'affaire, en tout cas, moi, je l'achète… chut !)	1
5 lb	pommes de terre pelées et coupées en cubes (leur grosseur dépend des familles)	2,5 kg
2 à 3	gros oignons hachés finement	2 à 3
1	boîte de crème de poulet (10 oz/284 ml) non diluée	1
1	boîte de bouillon de poulet (10 oz/284 ml) non diluée	1
1	morceau de lard salé entrelardé, coupé en dés	1
	sel et poivre noir du moulin	

→

Préparation

1 Dans un grand bol, déposer les cubes de viande, recouvrir de vin rouge et faire mariner toute une nuit au réfrigérateur.

2 Préchauffer le four à 350 °F (180 °C).

3 Abaisser une pâte à tarte pour couvrir complètement le fond et les bords d'une grande rôtissoire. Réserver suffisamment de pâte pour couvrir le dessus.

4 Égoutter la viande. Dans un grand bol, mélanger vigoureusement les cubes de viande, les pommes de terre et les oignons. (Allez-y avec les mains et mélangez-moi ça en y mettant du cœur !) Poivrer et saler, pas trop *because* le lard SALÉ qui s'en vient…

5 Remplir la rôtissoire de ce mélange, puis ajouter la crème de poulet et le bouillon de poulet, jusqu'à la même hauteur que la garniture. Parsemer respectueusement les dés de lard salé.

6 Recouvrir la rôtissoire de la pâte réservée et s'amuser à la décorer, histoire de faire rougir d'envie Ricardo ! Faire au moins trois incisions pour servir de cheminées de vapeur. Mettre le couvercle (cette étape est parfois périlleuse, voilà pourquoi il est important d'y penser en déroulant votre pâte : LAISSER DE LA PLACE POUR FERMER LE COUVERCLE !).

7 Cuire au four une heure, réduire le feu à 225 °F (110 °C) et poursuivre la cuisson de 7 à 8 heures. Enlever le couvercle durant la dernière heure pour 1) faire griller, 2) vous laisser envoûter par l'odeur qui monte peu à peu et 3) faire ralentir les passants devant votre demeure devenue, le temps d'une tourtière, la maison du bonheur !

→ *Cette recette est idéale un petit mardi ou quand on n'a pas beaucoup de temps pour cuisiner. C'est rapide, goûteux, ensoleillé et toujours réussi en un tour de main.*

Et que ça saute !

PETIT POULET AUX OLIVES VERTES VITE FAIT

Préparation → 30 min
Cuisson → 5 à 7 min
Portions → 4

→
Ingrédients

1/2 t	farine	125 ml
1	pincée de cumin moulu	1
1	pincée de cardamome moulue	1
	jus et zeste râpé de 1 citron	
4	escalopes de poulet	4
	beurre	
	huile d'olive	
	belles olives vertes dénoyautées et en morceaux	
	sel et poivre noir du moulin	

→
Préparation

1 Dans une assiette, mélanger la farine, le sel, le poivre, les épices et le zeste de citron. Enrober les escalopes de ce mélange.

2 Dans un poêlon, chauffer un peu de beurre et d'huile d'olive. Y faire dorer les escalopes quelques minutes à feu moyen-vif, en s'assurant de leur conserver une légère teinte rosée. Réserver.

3 Déglacer le poêlon avec le jus du citron et un peu de beurre. Ajouter les olives et en napper les escalopes.

4 Servir avec salade et semoule (couscous) ou taboulé.

CHANTAL LAMARRE

On l'a découverte

Dans des émissions d'humour dont *Samedi PM* et *Rock et belles oreilles*.

On la retrouve

Elle nous fait bénéficier de son humour déjanté à l'émission *Infoman* et de ses talents de comédienne dans *Virginie*.

Comment se décrit-elle ?

Comme une idéatrice-stratège domestique (traduction : elle est la maman de deux enfants !).

→ J'aime ce couscous parce qu'il s'adapte à toutes les occasions. Si on veut le servir en grand, on décore de coriandre et de noix de cajou rôties.
Pour les amis plus extrêmes, il suffit d'ajouter du sambal œlek à la marinade. C'est toujours apprécié.

JOEY SCARPELLINO

On l'a découvert

Dans une publicité télé pour le pain Pom Smart.

On le retrouve

Il incarne Thomas, le fils aîné dans la série *Les Parent*, son premier grand rôle à la télévision.

Comment est-il devenu comédien?

Pour apprendre le métier, il a suivi des cours tous les jours après l'école pendant 4 ans.

SAUTÉ DE TOFU MARINÉ SUR COUSCOUS DE LÉGUMES

Préparation → 30 min
Cuisson → 25 min
Temps de marinade → 1 nuit
Portions → 4

→
Ingrédients

1	bloc de tofu ferme, coupé en petits carrés	1
1/4 t	sauce soja	60 ml
1 1/2 t	bouillon de poulet	375 ml
2 c. à tab	gingembre frais, râpé	30 ml
2 c. à tab	ail écrasé	30 ml
1 c. à tab	huile de sésame	15 ml
1 c. à tab	miel	15 ml
1 t	pois mange-tout	250 ml
2	poivrons rouges	2
1	oignon	1
1 t	bouquets de brocoli	250 ml
3 c. à tab	huile d'arachide	45 ml
1 c. à thé	gingembre frais, râpé	5 ml
1 c. à thé	ail écrasé	5 ml
2 1/2 t	couscous	625 ml
2 t	eau ou bouillon de poulet	500 ml
	zeste de 1 citron	
2 c. tab	fécule de maïs	30 ml

→
Facultatif

1	bouquet de coriandre	1
1 t	noix de cajou rôties	250 ml
1 c. à tab	sambal œlek	15 ml

→
Préparation

1 Dans un bol, mélanger les 7 premiers ingrédients, couvrir et déposer au réfrigérateur toute une nuit.

2 Le lendemain, couper les légumes en morceaux. Dans un grand poêlon à feu vif, chauffer l'huile d'arachide et y faire sauter les légumes avec le gingembre et l'ail. Réserver.

3 Pendant ce temps, faire gonfler le couscous dans une quantité égale de liquide au choix (moi, j'aime bien dans le bouillon de poulet). Ajouter le zeste de citron.

4 Égoutter le tofu et réserver la marinade. Dans le poêlon ayant servi à cuire les légumes, faire sauter le tofu en laissant vraiment brunir comme on le fait pour le poulet.

5 Quand le tofu présente une belle couleur dorée, ajouter la marinade réservée. Faire bouillir le tout au moins 2 minutes. Diluer la fécule de maïs dans un peu d'eau et l'ajouter au sauté de tofu. Remuer jusqu'à ce que la sauce épaississe.

6 Ajouter les légumes réservés et bien brasser. Servir sur un lit de couscous. Si désiré, ajouter la coriandre, les noix et le sambal œlek.

CLAUDE QUENNEVILLE

On l'a découvert

Comme annonceur-radio,
il a été la voix des Canadiens de
Montréal dans les années 1980.

On le retrouve

Il est entre autres chroniqueur
sportif à *C'est bien meilleur le matin*.

L'avez-vous manqué?

Il a joué un petit rôle dans
Le 7e round, une télésérie sur la boxe
et ses magouilles.

Air classique

PARMENTIER DE BOUDIN NOIR

Préparation → 15 min
Cuisson → 40 min
Portions → 4

→
Ingrédients

1 ou 2	patates douces pelées et coupées en gros cubes	1 ou 2
4	pommes de terre pelées et coupées en gros cubes	4
	beurre (au goût)	
	lait chaud (au goût)	
6	pommes McIntosh	6
1	oignon	1
2 lb	boudin noir	1 kg
	sel et poivre noir du moulin	

→
Préparation

1 Dans une grande casserole d'eau bouillante salée, cuire les patates douces et les pommes de terre jusqu'à tendreté, puis les mettre en purée avec le beurre et le lait. La purée doit être assez moelleuse. Saler et poivrer au goût.

2 Préchauffer le four à 375 °F (190 °C).

3 Trancher les pommes et l'oignon en rondelles. Disposer les rondelles de pommes, puis les rondelles d'oignon dans le fond d'un plat allant au four.

4 Sortir la chair de boudin des boyaux et l'étendre sur les oignons.

5 Recouvrir le tout de la purée de pommes de terre et parsemer de quelques noix de beurre.

6 Cuire au four pendant 15 à 20 minutes, jusqu'à ce que le dessus soit légèrement doré. Bon appétit !

→ *Si vous n'avez pas le temps de cuisiner pendant des heures, cette recette va vous emballer. C'est vite fait, combien appétissant et bon pour la santé.*

→ **Rôle de soutien**
Vous aimez les sauces plus relevées ?
Ajoutez un peu de parmesan frais et le tour
est joué ! Pour le reste, accompagner de pommes
de terre grelots et de petits légumes, si désiré.

→ *C'est notre belle-sœur France qui
nous a fait découvrir ce plat, un classique
de ma belle-famille que nous savourons
régulièrement.*

Air classique

FILETS DE PORC AUX POMMES

Préparation → 10 min
Cuisson → 30 min
Portions → 4 à 6

→
Ingrédients

2	pommes pelées et tranchées finement	2
1 c. à tab	romarin frais, ciselé	15 ml
1 t	vin blanc	250 ml
1 t	bouillon de poulet	250 ml
2 c. à tab	beurre	30 ml
1 c. à tab	huile	15 ml
2	filets de porc d'environ 3/4 lb (350 g) chacun	2
1 t	crème à cuisson 35 %	250 ml
2 c. à tab	gelée de pommes naturelle (Chantepom, par exemple)	30 ml
	veloutine (pour épaissir la sauce)	
	sel et poivre noir du moulin	

→
Préparation

1 Dans une casserole, mélanger les pommes, le romarin, le vin et le bouillon de poulet. Porter à ébullition et faire cuire environ 2 minutes ou jusqu'à ce que les pommes soient cuites *al dente*. Égoutter, puis réserver les pommes et la sauce séparément.

2 Dans un poêlon muni d'un couvercle, faire chauffer le beurre et l'huile. Y faire revenir les filets de porc de chaque côté.

3 Ajouter la sauce réservée, couvrir et porter à ébullition. Réduire le feu et laisser mijoter environ 15 à 20 minutes ou jusqu'à ce que la viande soit rosée au centre. Retirer et réserver les filets de porc au chaud.

4 Dans le poêlon ayant servi à cuire le porc, verser la crème et la gelée de pommes en mélangeant bien. Laisser mijoter jusqu'à consistance désirée. Épaissir au besoin avec la Veloutine. Rectifier l'assaisonnement.

5 Trancher les filets de porc, les remettre dans la sauce avec les pommes et servir le tout immédiatement.

DANY DUBÉ

On l'a découvert

À *La Soirée du hockey*, où il a fait ses débuts comme analyste.

On le retrouve

Il est au centre de l'action dans l'émission de sport *La Zone* avec Michel Villeneuve.

Un grand privilège pour lui?

D'avoir pu, tôt en carrière, travailler aux côtés de Pierre Dufault et Camille Dubé, deux monuments du journalisme sportif.

CANARD DE LA RUE DANTE

Préparation → 30 min
Cuisson → 15 à 20 min
Portions → 2

→
Ingrédients

1	canard sauvage (noir ou mallard, de préférence), en morceaux : 2 poitrines et 2 cuisses	1
2 c. à tab	huile d'olive	30 ml
1	gros champignon portobello en morceaux (enlever les lamelles du dessous préalablement)	1
1/2	poivron rouge en morceaux	1/2
	thym séché	
2 c. à thé	vinaigre balsamique	10 ml
1	verre de vin rouge	1
	sel et poivre noir du moulin	

→
Préparation

1 Bien saler et poivrer les morceaux de canard, puis les réserver.

2 Dans un poêlon en fonte muni d'un couvercle, chauffer l'huile d'olive à feu vif et y faire revenir les morceaux de champignon et de poivron. Assaisonner de sel, de poivre et de thym. Retirer les légumes cuits du feu et réserver au chaud.

3 Ajouter un peu d'huile au poêlon et y faire saisir les morceaux de canard à feu très vif (commencer par les poitrines qui mettront un peu plus de temps à cuire). Lorsque la peau du canard se colore et devient croustillante, déglacer avec le vinaigre balsamique et mouiller avec le vin rouge.

4 Incorporer les légumes réservés. Réduire à feu doux, couvrir et laisser cuire ainsi pendant 12 minutes.

La cuisson doit se faire «à la goutte de sang», c'est-à-dire qu'un peu de sang doit encore se trouver entre la chair et les os. Trop cuite, la viande de gibier devient coriace.

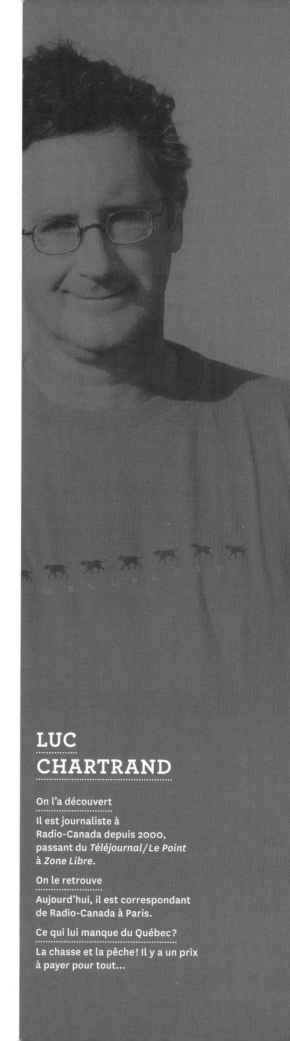

LUC CHARTRAND

On l'a découvert

Il est journaliste à Radio-Canada depuis 2000, passant du *Téléjournal/Le Point* à *Zone Libre*.

On le retrouve

Aujourd'hui, il est correspondant de Radio-Canada à Paris.

Ce qui lui manque du Québec?

La chasse et la pêche! Il y a un prix à payer pour tout...

→ *Dans mon chalet au bord du fleuve, un soir
où je revenais de la chasse, j'ai improvisé cette recette
avec les ingrédients que j'avais sous la main.
Ces recettes de chasse, dites « au bout du fusil », font
toujours les plus mémorables plats de gibier.*

→ **Rôle de soutien**
Un bon vin ! Barbera d'Asti superiore ou mâcon

→ *Voici une recette de mon papa, grand chasseur de gibier.*
Elle représente pour moi le bonheur des réunions familiales,
quand on revient d'une longue marche en forêt, les yeux
barbouillés de couleurs chaudes et les joues rougies par la brise
d'octobre. Réconfort garanti !

PERDRIX AU CHOU

Préparation → 15 min
Cuisson → 2 h
Portions → 4

→
Ingrédients

1	chou blanc	1
2	grosses perdrix (ou 3 petites)	2
2	fines bardes de lard fumé (bacon)	2
2 c. à tab	huile d'olive	30 ml
1	gros oignon émincé	1
3	gousses d'ail émincées	3
4	carottes coupées en deux sur la longueur puis en tronçons	4
4	saucisses (de Toulouse ou italiennes)	4
2 t	bouillon de poulet	500 ml
1 t	vin blanc	250 ml
3	feuilles de laurier	3
	baies de genièvre (facultatif)	
	sel et poivre noir du moulin	

→
Préparation

1 Couper le chou en quatre et le faire blanchir 5 à 10 minutes dans une grande casserole d'eau bouillante salée. Retirer le chou, bien l'égoutter et réserver.

2 Barder les perdrix avec le lard fumé et bien les ficeler.

3 Préchauffer le four à 350 °F (180 °C).

4 Dans une grande casserole, verser l'huile d'olive. Y faire dorer les perdrix, retirer et réserver. Dans la casserole, ajouter l'oignon, l'ail, les carottes et le chou. Faire sauter de 2 à 3 minutes.

5 Remettre les perdrix dans la casserole. Ajouter les saucisses, le bouillon de poulet, le vin, le laurier et les baies de genièvre, si désiré. Saler et poivrer.

6 Couvrir et mettre au four pendant 1 heure 45 minutes. Pendant la cuisson, ajouter du bouillon, au besoin.

7 Servir 1/2 perdrix et une saucisse par personne. Accompagner d'un légume et d'un riz persillé.

PASCALE BUSSIÈRES

On l'a découverte
Au cinéma, dans le film *Sonatine* où elle incarnait une ado suicidaire.

On la retrouve
Son personnage de Margot Paulin s'est donné comme mission de sauver un coin de pays nommé *Belle-Baie*.

Comédienne un jour, comédienne toujours?
Elle est tombée dans le métier quand elle était petite, dit-elle, et ne se lasse pas de faire l'aller-retour entre le cinéma et la télévision.

→ *Pour accompagner ce plat, rien de mieux qu'une bouteille de cahors (ou de grappa pour les courageux) et des amis attablés pour une bonne soirée.*

PATRICE ROY

On l'a découvert

Comme reporter d'affaires publiques à *Enjeux*.

On le retrouve

Il est le chef d'antenne du *Téléjournal 18 heures*, un poste prisé et prestigieux.

L'instinct de survie?

En 2007, il est sorti indemne d'une attaque contre un convoi de l'armée canadienne en Afghanistan, mais son caméraman a été grièvement blessé.

GIGOT DU SAMEDI SOIR

Préparation → 15 min
Cuisson → 1 h 25
Portions → 4

→
Ingrédients

1	gigot d'agneau (3 lb/1,5 kg ou plus)	1
	ail	
	romarin frais	
1 1/2 t	fond de veau	375 ml
6	pommes de terre coupées en quartiers	6
1	poivron rouge ou jaune en julienne ou en tranches minces	1
6	carottes pelées	6
1 c. à tab	huile d'olive	15 ml
2 c. à thé	moutarde de Dijon	10 ml
2 c. à thé	miel	10 ml
	quelques feuilles de menthe fraîche, hachées	
1 t	vin blanc (un vouvray sec, par exemple, aussi recommandé avec l'entrée)	250 ml
	sel et poivre noir du moulin	

→
Préparation

1 Préchauffer le four à 450 °F (230 °C).

2 Piquer le gigot d'ail et de romarin frais. Transférer dans une rôtissoire munie d'une grille et cuire au four 15 minutes.

3 Verser le fond de veau dans la rôtissoire, disposer les légumes autour du gigot et poursuivre la cuisson pendant 40 minutes à 325 °F (160 °C).

4 Dans un petit bol, combiner l'huile d'olive, la moutarde de Dijon, le miel et la menthe fraîche. Badigeonner le gigot de ce mélange et remettre au four une vingtaine de minutes. Retirer le gigot de la casserole, l'envelopper de papier d'aluminium et laisser reposer. Retirer les légumes et les réserver au chaud.

5 Déglacer la rôtissoire avec le vin blanc en grattant les sucs de cuisson. Assaisonner la sauce ainsi obtenue.

6 Découper le gigot dans le sens de l'os, transférer les tranches dans une grande assiette de service et disposer les légumes autour. Napper d'un peu de sauce et verser le reste dans une saucière. Bon appétit !

→
En première partie
Pétoncles grillés au pesto

Pour une entrée vite faite, servir des canapés de pétoncles grillés au pesto. Dans un peu d'huile d'olive, faire griller une douzaine de petits pétoncles à feu vif, 1 minute de chaque côté, puis saler et poivrer. Servir chaque pétoncle sur une tranche de pain baguette grillée et tartinée de pesto du commerce. Et voilà !

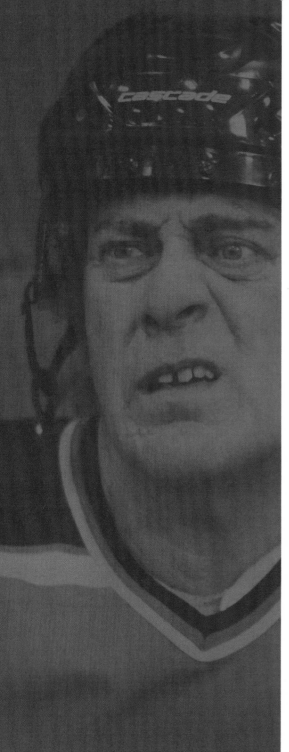

PIERRE LEBEAU

On l'a découvert

Il jouait le rôle de Bull Pinsonnault dans le téléroman *Le Volcan tranquille.*

On le retrouve

Ah, Méo! Son personnage dans *Les Boys* en fait rire plus d'un.

Tout le monde le devine?

Guy Lepage lui a confié le rôle de son père, entendu mais jamais vu, dans la série *Un gars, une fille.*

PAIN DE VIANDE

Préparation → 10 min
Cuisson → 4 à 5 h
Portions → 4

→

Ingrédients

1 1/2 lb	veau haché	750 g
4	gousses d'ail hachées	4
1	oignon émincé	1
1	œuf	1
1/2 t	mie de pain (facultatif)	125 ml
4 t	jus de légumes	1 l
	poivre noir du moulin	

→

Préparation

1 Préchauffer le four à 400 °F (200 °C), la grille positionnée au centre.

2 Dans un bol, mélanger tous les ingrédients et le tiers du jus de légumes.

3 Dans un plat allant au four, déposer le mélange de viande et façonner en forme de pain rectangulaire, en veillant à ce qu'il ne touche pas aux côtés du plat. Ajouter le reste du jus de légumes et recouvrir complètement le pain.

4 Couvrir et cuire au four pendant 1 heure, puis de 3 à 4 heures à 300 °F (150 °C). Au besoin, ajouter du jus de légumes ou de l'eau.

5 Servir avec des pommes de terre en purée ou bouillies.

→ *J'ai voulu vous offrir une recette à la fois réconfortante,*
économique, facile à cuisiner et évidemment très bonne.
Ce plat évoque pour moi la famille, la vie de tous
les jours et les saveurs de mon enfance. Je suis très heureux
de le partager avec vous.

→ *Mon père, qui avait pour passion la nourriture,*
faisait de la bonne bouffe française.
Moi, j'étais plutôt le plongeur de la famille...
J'ai donc appris à concocter cette recette
en l'observant.

Air classique

GIGOT D'AGNEAU À L'AIL

Préparation → 5 min
Cuisson → 2 h 30 à 3 h
Portions → 6 (selon la taille du gigot)

→
Ingrédients

1	gigot d'agneau frais du Québec (si vous l'achetez congelé de Nouvelle-Zélande, le faire décongeler au réfrigérateur)	1
5 à 6	gousses d'ail	5 à 6
	romarin au goût (mais généreusement!)	
	carrés de beurre au goût (toujours aussi généreusement...)	
4	pommes de terre coupées en gros cubes	4
	sel et poivre	
	flageolets en conserve, pour accompagner	

→
Préparation

1 Préchauffer le four à 350 °F (180 °C).

2 Déposer le gigot dans une cocotte allant au four. À la pointe du couteau, faire des entailles dans le gigot et y insérer les gousses d'ail. Assaisonner généreusement de romarin, sel et poivre.

3 Parsemer le gigot des carrés de beurre et disposer les cubes de pommes de terre tout autour.

4 Cuire au four de 2 h 30 à 3 h (ou 25 à 30 minutes par livre) selon la cuisson désirée.

5 Servir avec les pommes de terre et les flageolets.

CHARLES TISSEYRE

On l'a découvert

Il a commencé sa carrière comme annonceur-réalisateur pour Radio-Canada International dans les années 1970.

On le retrouve

Il nous invite à la *Découverte*, tous les dimanches soir à Radio-Canada.

Un passionné des lettres?

Il est aussi président des Éditions Pierre Tisseyre, l'une des plus vieilles maisons d'édition au Québec, aujourd'hui spécialisée en littérature jeunesse.

→ *Cette recette m'a été inspirée par une technique courante en Toscane et dans le nord de l'Italie où on fait bouillir le riz à grande eau comme des pâtes. Cela fait un plat plus léger et tout aussi agréable que le risotto traditionnel.*

FRANÇOIS DOMPIERRE

On l'a découvert

Compositeur de talent, il a signé en 1969 la musique de la comédie musicale *Demain matin Montréal m'attend* de Michel Tremblay.

On le retrouve

Il nous invite dans son univers sonore tous les dimanches après-midi, à l'émission *Éclectique* sur les ondes d'Espace Musique, de 13 h à 15 h 30.

Un homme-orchestre par-dessus tout ?

Il s'est retrouvé à la barre de plusieurs grands orchestres symphoniques à Montréal, Québec, Vancouver et Paris.

Histoire de pêche

SAUMON VAPEUR SUR RISOTTO AU CITRON

Préparation → 20 min
Cuisson → 20 min
Temps de trempage → 10 min
Portions → 2

→
Ingrédients

2-3	brins d'algues japonaises séchées Wakame*	2-3
	eau bouillante	
1	escalope de saumon de 3/4 lb/350 g (préférablement biologique, encore mieux sauvage et si possible fraîchement pêché...)	1
1 1/2 t	riz à grains courts de type carnaroli (son grain plus long que l'arborio ou le nano vialone résiste mieux à la cuisson proposée)	375 ml
3	œufs	3
3/4 t	parmesan frais, râpé	180 ml
1/2 t	lait	125 ml
	jus et zeste râpé de 1 citron	
2	noix de beurre doux	2
1/4 t	amandes	60 ml
1/4 t	ciboulette hachée	60 ml
	sel et poivre blanc	

*Une petite quantité suffit parce que les algues gonflent considérablement lorsqu'on les réhydrate. Il n'est pas indispensable de les ajouter mais c'est chouette et ça ajoute une touche d'exotisme...

→
Préparation

1 Plonger les algues séchées dans de l'eau bouillante et laisser gonfler une dizaine de minutes. Refroidir, puis s'en servir pour envelopper le saumon.

2 Dans une marguerite ou un four à vapeur, faire cuire le saumon entre 7 et 10 minutes selon le degré de cuisson désiré. Réserver au chaud.

3 Pendant ce temps, préparer le risotto. Dans une grande casserole, porter à ébullition 6 t (1,5 l) d'eau, puis saler. Plonger le riz et laisser bouillir à grande eau une douzaine de minutes (il faut que le riz reste ferme ou *al dente* comme on dit).

4 Pendant que saumon et riz cuisent, préparer un sabayon salé : battre les œufs, saler et poivrer. Incorporer le parmesan, verser le lait et bien mélanger. Ajouter le jus de citron et le zeste. Réserver le sabayon.

5 Dans un poêlon, faire fondre une noix de beurre. Y faire griller les amandes, puis les hacher grossièrement Réserver.

6 Quand le riz est cuit, l'égoutter en laissant un peu d'eau et le remettre dans sa casserole. Placer la casserole sur feu très doux. Ajouter l'autre noix de beurre et incorporer le sabayon très rapidement. Veiller à ce que le mélange épaississe sans coaguler.

7 Verser le risotto dans des assiettes creuses préchauffées. Décorer avec les amandes grillées et la ciboulette, puis poser le saumon sur le tout. Servir.

→
Rôle de soutien

Des asperges vertes et blanches cuites à la vapeur complètent magnifiquement ce plat. Vous pouvez les poser sur le saumon. La palette visuelle devient alors délicieusement multicolore : une harmonie de jaune, vert, rosé, blanc et roux !

ALAIN GRAVEL

On l'a découvert

Il a commencé sa carrière à la radio de Québec voilà 30 ans, puis à CKAC-Télémédia qui lui a offert ses premières grandes couvertures journalistiques.

On le retrouve

Depuis 2007, il anime l'émission *Enquête* à la télévision de Radio-Canada.

Monsieur le Président

Il préside la Fédération professionnelle des journalistes du Québec.

Histoire de pêche

THON AU SÉSAME DE MARIE-HÉLÈNE

Préparation → 35 min
Cuisson → 2 min
Temps de marinade → 30 min
Portions → 4

→
Ingrédients

1 3/4 lb	thon rouge sans peau	800 g
2/3 t	sauce tamari	160 ml
1/3 t	sauce teriyaki	80 ml
1	morceau d'environ 1 po (2,5 cm) de gingembre frais, haché finement	1
1 t	graines de sésame	250 ml
2 c. à tab	huile de sésame	30 ml

→
Préparation

1 Couper le thon rouge en cubes.

2 Faire une marinade en combinant les sauces tamari et teriyaki. Ajouter le gingembre frais et mélanger. Y faire mariner les cubes de thon 30 minutes.

3 Retirer les cubes de thon de la marinade, puis les rouler dans les graines de sésame afin de bien recouvrir toutes les faces.

4 Dans un poêlon, chauffer l'huile de sésame à haute intensité (il faut que l'huile soit très chaude). Y déposer les cubes de thon et les faire cuire de 30 secondes à 1 minute avant de les retourner. Il ne faut pas trop cuire le thon, le centre doit rester rouge.

5 Servir immédiatement en décorant de quelques gouttes de sauce teriyaki.

→
Rôle de soutien

Disposer des asperges fraîches sur une plaque de cuisson, arroser d'un filet d'huile d'olive et assaisonner de sel de mer et de poivre. Parsemer de parmesan au goût et cuire au four 10 minutes. Ces asperges croquantes accompagnent à merveille le thon au sésame.

→ *Marie-Hélène est une amie de ma femme. Chaque fois*
qu'elle nous reçoit, elle nous sert des petits plats
dont on se souvient longtemps. Celui-ci m'a particulièrement
marqué. En plus, il est tellement simple à préparer.

→ *Croyez-moi, cette recette est une excellente façon de gâter son amoureuse. En plus d'être beau et bon, ça a un effet bœuf !*

Histoire de pêche

SAUMON
EN LASAGNE

Préparation → 20 min
Cuisson → 20 min
Portions → 4

→
Ingrédients

2	filets de saumon sans la peau (200 g/ch)	2
5 oz	saumon fumé	150 g
	sel et poivre	
	œufs de lompe (rouge)	

→
Sauce

2	gousses d'ail hachées finement	2
1	jaune d'œuf	1
2 c. à tab	moutarde de Dijon	30 ml
2 c. à tab	huile d'olive	30 ml
1/3 t	vin blanc	80 ml
1/3 t	crème à cuisson 15 % ou 35 %	80 ml
3 c. à tab	estragon frais, haché finement	45 ml
2 c. à thé	herbes salées du Bas-du-Fleuve	10 ml

→
Préparation

1 Préchauffer le four à 375 °F (190 °C).

2 Dans un bol, fouetter tous les ingrédients de la sauce et réserver.

3 Trancher les filets de saumon en escalopes de 1/4 po (5 mm), sur le sens de l'épaisseur.

4 Dans un plat allant au four, déposer une escalope de saumon, puis recouvrir d'une tranche de saumon fumé et badigeonner de la sauce réservée. Répéter 3 ou 4 fois, jusqu'à ce que toutes les escalopes de saumon soient utilisées. Badigeonner le tout d'une dernière couche de sauce sur le dessus et les côtés. Saler et poivrer. Réserver le reste de la sauce au chaud.

5 Déposer le saumon au four et cuire 20 minutes. Retirer du four et garnir d'un trait de sauce et d'œufs de lompe avant de servir.

JEFF BOUDREAULT

On l'a découvert

Il a lancé sa carrière télévisuelle dans les émissions *4 et demi*, *Le Retour*, *Réseaux II* et *Simonne et Chartrand*.

On le retrouve

Il campe le ministre du Travail dans la nouvelle saison de *La Galère*.

Plus d'une plume à son arc?

Dans le spectacle d'humour *La Folle Odyssée de Jacques Cartier* (dont il est l'un des auteurs), il tient le rôle du chef indien Donnacona...

DUO DE POISSONS AUX ÉPINARDS

Préparation → 10 min
Cuisson → 20 min
Portions → 4

→
Ingrédients

	huile d'olive	
14 oz	filet de saumon sans la peau	400 g
	fromage à la crème moelleux (genre Liberté ou Astro)	
1 c. à thé	moutarde de Dijon	5 ml
2 t	épinards	500 ml
14 oz	filet de turbot	400 g
	jus de 1/2 orange	
	jus de 1 lime	
	sel et poivre noir du moulin	

→
Préparation

1 Préchauffer le four à 400 °F (200 °C).

2 Sur une plaque à cuisson, verser un filet d'huile d'olive avant d'y déposer le filet de saumon.

3 Étendre une fine couche de fromage à la crème, puis de moutarde de Dijon, sur le poisson. Disposer les épinards sur le dessus et compléter votre «pièce montée» avec le filet de turbot.

4 Arroser le duo de poisson avec les jus d'orange et de lime, puis saler et poivrer au goût.

5 Cuire au four environ 20 minutes. Bon appétit !

JOHANE DESPINS

On l'a découverte

Comme journaliste-animatrice aux émissions culturelles de Radio-Canada il y a 15 ans.

On la retrouve

Elle relève un nouveau défi en coanimant le magazine *L'Épicerie*.

Quelle place occupe la bouffe dans sa vie ?

Son mari étant directeur des services alimentaires de Spectra (Festival de jazz, Francofolies), ils testent sans cesse des nouveaux produits à la maison.

→ *Cette création familiale marie le poisson préféré de mon chum à celui de mes fils. Un brin de santé et de couleur qui fait aussi plaisir à la mère, avec son fromage gourmand pour faire passer les épinards (qui n'ont pas toujours un vif succès). Et surtout, c'est ben bon !*

→ J''ai goûté à cette recette pour la première fois chez mon amie,
la journaliste Isabelle Richer, il y a 15 ans. J'ai été séduite
par le doux mélange des raisins et du vin blanc, mais surtout
par la simplicité du tout. Depuis, je ne peux plus m'en passer.

SAUMON AUX RAISINS VERTS

DOMINIQUE POIRIER

On l'a découverte

Pendant 25 ans, elle a couvert l'événement à la télévision de Radio-Canada, notamment pour *Le Point*.

On la retrouve

À la Première Chaîne, elle anime dès 13 h *L'après-midi porte conseil*, une émission quotidienne sur les tendances de consommation.

Ce qu'elle aime de la radio?

La radio ramène au naturel, invite à créer des atmosphères et garde plus détendue.

Préparation → 5 min
Cuisson → 20 min
Portions → 4

→
Ingrédients

4	filets de saumon frais	4
	sel et poivre	
	beurre	
1/4 t	oignons verts hachés	60 ml
1/4 t	pignons (noix de pin)	60 ml
1	bonne grappe de raisins verts sucrés, coupés en 2	1
	vin blanc	

→
Préparation

1 Préchauffer le four à 350 °F (180 °C).

2 Saler et poivrer les filets de saumon, les déposer sur une plaque de cuisson, puis les faire griller au four environ 20 minutes.

3 Entre-temps, dans un grand poêlon, faire fondre du beurre et y faire revenir les oignons verts et les pignons. Ajouter les raisins verts et déglacer au vin blanc. Ne laisser mijoter le tout qu'une minute.

4 Pour servir, napper les filets de saumon de la sauce aux raisins.

5 Accompagner de riz, si désiré.

Histoire de pêche

FILETS DE POISSON À LA PROVENÇALE

Préparation → 10 min
Cuisson → 10 min
Portions → 4

→
Ingrédients

6	tomates séchées hachées finement (30 g)	6
1	échalote française hachée finement	1
3 c. à tab	huile d'olive	45 ml
3 c. à tab	mayonnaise	45 ml
1/4 t	pesto	60 ml
4	filets d'un poisson blanc de style tilapia, turbot ou tout autre poisson peu goûteux	4

→
Préparation

1 Préchauffer le four à 375 °F (190 °C).

2 Dans un bol, préparer votre garniture en mélangeant les tomates séchées, l'échalote, 2 c. à tab (30 ml) d'huile, la mayonnaise et le pesto.

3 Dans un plat rectangulaire en pyrex légèrement huilé, déposer les filets de poisson. Les badigeonner légèrement du reste d'huile, puis les couvrir de la garniture. Surtout ne pas saler puisque la garniture l'est suffisamment.

4 Cuire dans le tiers inférieur du four pendant environ 10 minutes selon la grosseur des filets (environ 5 à 6 minutes par 1/2 po (1 cm) d'épaisseur) ou encore jusqu'à ce que la garniture commence à dorer.

5 Déposer chaque filet dans une assiette préalablement chauffée. Servir avec un riz basmati ou un riz à grains longs ainsi qu'un légume vert légèrement citronné.

LOUISE DESCHÂTELETS

On l'a découverte

Dans *Rue des pignons* où elle interprétait Doudou Désirée, la première «petite baveuse» de la télé québécoise (c'est elle qui le dit!).

On la retrouve

Dans la quotidienne *Virginie*, elle joue le rôle de Ghislaine Cormier, une ex-religieuse mangeuse d'hommes.

Ce qu'elle aime de *Virginie*?

Jouer une formidable intellectuelle au franc-parler, capable de toutes les audaces. Que du bonheur!

→ *Cette recette m'a été donnée par une amie de Haute-Provence.
Sa tante la servait pour faire apprécier le poisson
aux personnes qui y étaient réfractaires. Croyez-moi, je l'ai testée
sur plusieurs irréductibles de la viande et elle est infaillible !*

→ *Je suis né sur la Côte-Nord au bord du golfe Saint-Laurent que l'on appelle chez nous «la mer». Les filets de morue de Blanc-Sablon représentent un aller haute vitesse dans ma mémoire affective et la clé qui m'ouvre la porte à d'extraordinaires souvenirs de mon enfance.*

MARC PAQUET

On l'a découvert

Dès sa sortie de l'école, il a décroché le rôle d'un élève punk dans *Virginie*.

On le retrouve

Après avoir joué Billy Boy Noël dans *Belle-Baie*, il interprète un curé dans *La Galère II*.

Le cinéma, il aime?

Beaucoup. Il s'est d'ailleurs fait remarquer au grand écran dans *Histoire de Pen*, *Elles étaient cinq* et *La Vie secrète des gens heureux*.

FILETS DE MORUE DE BLANC-SABLON ET SAUCE AU BEURRE ET VIN DE XÉRÈS

Préparation → 15 min
Cuisson → 25 min
Portions → 4

→

Ingrédients

1	noix de beurre	1
	chapelure maison	
	filets de morue pour 4 personnes	
	fleur de sel	
	piment d'Espelette	

→

Sauce au beurre et vin de xérès

4	échalotes ciselées (pas des oignons verts, des échalotes que certains appellent françaises)	4
2/3 t	vin de xérès sec	160 ml
7 oz	beurre non salé en petits cubes	200 g
	salicorne fraîche, ciselée	

→

Préparation

1 Chauffer un poêlon et y faire fondre une noix de beurre. Retirer la mousse (le petit lait) en surface.

2 Étendre un peu de chapelure maison sur une surface plane et y passer les filets de morue rapidement pour qu'UN PEU de chapelure y adhère. (Ne pas passer vos filets dans les œufs et la farine, parce que moins, c'est mieux !) Assaisonner vos filets d'une pincée de fleur de sel sur chaque côté, les déposer dans le poêlon et cuire à peu près 4 minutes au total... On y va à l'œil !

3 Pour la sauce, faire chauffer du beurre dans une casserole et y cuire les échalotes en évitant de colorer. Lorsque les échalotes commencent à devenir translucides, mouiller avec le xérès et laisser réduire jusqu'à ce que le tout soit presque sec.

4 Ajouter ensuite les cubes de beurre, en fouettant énergiquement. Lorsque vous aurez mis tout le beurre, ajouter une poignée de salicorne pour saler votre sauce.

5 Napper les filets de cette sauce au beurre, relever d'une pincée de piment d'Espelette et servir.

LE SAUMON DE MARIE-JO

Préparation → 5 min
Cuisson → 20 à 30 min
Temps de marinade → le temps que vous avez... idéalement 1 h
Portion → 1

→
Ingrédients

7 oz	filet de saumon	200 g
	huile d'olive	
	sauce soja	
	gingembre frais	

→
Préparation

1 Asperger le filet de saumon d'huile d'olive
et de sauce soja au goût.

2 Râper du gingembre frais et en recouvrir le saumon.

3 Tourner le filet afin que la chair s'imbibe
parfaitement de toutes les saveurs et laisser mariner
1 heure au réfrigérateur, si possible.

4 Préchauffer le four à 450 °F (230 °C).

5 Transférer le filet de saumon sur une plaque
de cuisson et faire cuire au four de 20 à 30 minutes.

MARIE-JOSÉ TURCOTTE

On l'a découverte

Surtout à l'émission *L'Univers des sports* en 1988, année où elle était également cheffe d'antenne aux Jeux olympiques. Tout un début...

On la retrouve

À la même adresse depuis 25 ans, c'est-à-dire comme animatrice-journaliste au service des sports de Radio-Canada.

Immortelle, Marie-José Turcotte?

Elle a remporté 10 prix Gémeaux pour la meilleure animation sportive, dont un à titre d' «Immortel de la télévision»!

→ *J'ai concocté cette recette un soir où je n'avais pas beaucoup de temps... En toute modestie, j'ai trouvé le résultat délicieux. C'est idéal pour recevoir des amis sans façon.*

→ *Vous devez faire la route Montréal-Québec pour aller souper chez des amis et on vous a demandé d'apporter le plat principal? Ou, encore, vous vous dites que ça serait l'fun de conduire 250 km avec un morceau de saumon sur votre moteur de char? Idéal pour la cuisson à la chaleur émise par le moteur de votre engin.*

LES PIEDS DANS LA MARGE

On les a découverts

Avant d'être dans la marge, ils ont été chroniqueurs, laveurs de vaisselle, caméramans, monteurs, intervieweurs dans une maison de sondage, animateurs, comédiens, auteurs, moniteurs dans une garderie, barmans (mais pas dans une garderie) et journalistes-réalisateurs.

On les retrouve

Dans l'émission du même nom, qu'ils écrivent, réalisent et interprètent pour l'essentiel.

SAUMON EN PAPILLOTE SUR MOTEUR DE CHAR

Préparation → 10 min (excluant 17 h
à l'urgence de l'hôpital)
Cuisson → 250 à 350 km selon
la voiture utilisée
Portions → dépend de l'estomac
de vos chums de gars

→
Ingrédients

1	filet de saumon frais (pas trop épais)	1
2 c. à tab	jus de citron	30 ml
2 c. à tab	huile d'olive	30 ml
2 c. à tab	vin blanc	30 ml
	sel et poivre	
	liquide lave-glace, au goût (nous autres, on n'en met pas, on trouve que c'est pas bon!)	

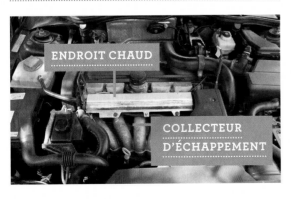

ENDROIT CHAUD

COLLECTEUR
D'ÉCHAPPEMENT

→
Préparation

1 Placer le filet de saumon au centre d'une feuille de papier d'aluminium. Arroser avec le jus de citron, l'huile d'olive et le vin blanc. Assaisonner.

2 Bien envelopper le saumon de façon hermétique. Ajouter deux autres couches de papier d'aluminium en scellant bien les ouvertures pour éviter que votre poisson goûte la station d'essence.

3 Placer la papillote sur un endroit chaud de votre moteur. Comme là. Là. Ou là (voir photo). Le meilleur endroit pour placer la papillote est habituellement sur le collecteur d'échappement. Plus précisément : là (on l'sait que c'est pas clair, regarder la photo). S'assurer que votre papillote est bien coincée pour qu'elle reste en place. Y a rien de plus plate que de perdre un saumon sur la 20. Au besoin, utiliser du papier d'aluminium pour fixer plus solidement votre papillote.

4 À mi-chemin (mettons à Drummondville), arrêter pour retourner la papillote. Attention de ne pas percer le papier d'aluminium.

5 Vous allez peut-être devoir expérimenter un peu car plusieurs facteurs peuvent influencer le temps de cuisson : le modèle du véhicule, la température extérieure, l'épaisseur du poisson, l'épaisseur du gars qui a lu la recette...

6 C'est prêt. Grouillez-vous, vos amis vous attendent pour souper !

→
5 points importants tout de même...

• Ne pas manipuler la papillote quand le moteur tourne.
• Ne jamais nuire au mouvement des pièces du moteur.
• Ne pas mettre trop de liquide dans la papillote, car la vapeur peut perforer le papier d'aluminium.
• Utiliser des aliments frais.
• Ne pas manger le papier d'aluminium.

VERSION 1
Cuisinée au pif selon
le contenu du frigo,
voici la version
« gars »

LASAGNE DÉPANNAGE

Préparation → 30 min
Cuisson → 45 min
Portions → 4 à 6 portions

→
Ingrédients

C'est à vous de déterminer la quantité
exacte de chaque ingrédient selon votre goût,
tout le bonheur de cette lasagne s'exprimant
dans la combinaison des différents éléments.

poivrons
brocoli
pâtes à lasagne
pesto
fromage cottage
fromage parmesan
fromage cheddar
jambon

→
Préparation

1 Préchauffer le four à 350 °F (180 °C).

2 Couper les légumes en petits dés. Réserver.

3 Dans une casserole d'eau bouillante légèrement
salée, faire cuire les pâtes à lasagne.

4 Dans un plat allant au four, disposer les pâtes
en étages, en changeant de garnitures entre
chaque rangée : légumes, pesto, fromages,
jambon. (Moi, je mets du pesto à chaque étage,
le reste – voire les ingrédients – variant selon
l'atmosphère du moment.)

5 Cuire au four pendant 45 minutes.

FABIEN DUPUIS

On l'a découvert

Dans le rôle d'Éric Chicoine à
l'émission jeunesse *Watatatow*.

On le retrouve

Il joue à la fois le rôle d'Hugo
Lacasse dans *Virginie* et de...
Fabien Dupuis dans *Tout sur moi*.

Le destin s'en mêle?

La première fois que Fabienne
Larouche et lui se sont rencontrés,
elle enseignait et lui écoutait, assis
devant son pupitre d'élève...

→ *C'est un ami qui m'a refilé cette recette il y a une
quinzaine d'années et je dois avouer qu'elle m'a souvent
dépanné. Je suis un gars de restaurant et j'ai toujours été
entouré de femmes qui font de l'excellente bouffe.
Je compense en faisant le ménage...*

→ *Je tiens à le souligner : je suis nul en cuisine !*
Moi, je monte la table, je dis bonjour aux invités
et… je mange. J'aurais dû savoir cuisiner puisque
ma mère est championne aux fourneaux.
Voici donc SA lasagne aux fruits de mer, mon plat
préféré depuis l'enfance.

GÉRALD FILLION

On l'a découvert

Comme journaliste spécialisé
en économie, sur les ondes
de Radio-Canada depuis 2001.

On le retrouve

Il présente l'émission *RDI en direct*
sur l'économie du lundi au vendredi,
en plus de participer au *Téléjournal*
du midi et du soir.

Ce qu'il aime de l'économie?

Expliquer, démontrer, mettre les
choses en perspective et rendre des
concepts complexes accessibles à
tous (on l'en remercie!).

LASAGNE AUX FRUITS DE MER... DE MA MÈRE

VERSION 2
Une recette dans les règles de l'art : voici la version « patience et amour »

Préparation → 30 min
Cuisson → 1 h 30
Portions → 4

→
Ingrédients

	sel de mer	
9 ou 10	pâtes à lasagne	9 ou 10
1 t	vin blanc	250 ml
	jus de 1/2 citron	
1 1/2 c. à tab	persil frais, haché	22 ml
1 lb	crevettes crues prédécortiquées (grandeur 26/30)	500 g
1/4 t	beurre	60 ml
1 lb	gros pétoncles	500 g
1/2 c. à thé	fleur d'ail	2 ml
1	boîte de palourdes de la mer (10 oz/284 ml)	1
1 t	mozzarella légère, râpée	250 ml
	asperges (facultatif)	

→
Sauce béchamel

1/4 t	farine instantanée pour sauce (ou farine de votre choix)	60 ml
1 1/4 t	crème légère ou lait 2 %, chaud	310 ml
1 t	gruyère râpé	250 ml
1/4 c. à thé	muscade moulue	1 ml
	poivre noir du moulin	

→
Préparation

1 Dans une casserole d'eau bouillante légèrement additionnée de sel de mer, déposer les pâtes à lasagne, réduire le feu et cuire lentement. S'assurer de séparer les pâtes jusqu'à mi-cuisson, pour éviter qu'elles collent les unes aux autres. Rincer les pâtes à l'eau froide et réserver.

2 Dans une sauteuse, combiner le vin blanc, le jus de citron, 1/2 c. à thé (2 ml) de persil et les crevettes. Aussitôt que les crevettes deviennent roses, les retirer du feu à l'aide d'une cuillère trouée et les égoutter. Réserver les crevettes et le jus de cuisson séparément.

3 Dans la même sauteuse, faire chauffer un peu de beurre. Y faire dorer les pétoncles et la fleur d'ail à feu moyen-vif, le temps de les colorer seulement. Éviter de trop les cuire. Réserver.

4 Égoutter les palourdes en prenant soin de récupérer le liquide. Ajouter ce liquide au jus de cuisson des crevettes et faire réduire de moitié dans une petite casserole.

→
Sauce béchamel

5 Dans une sauteuse à revêtement antiadhésif, faire fondre le reste du beurre sans brunir. Y ajouter la farine instantanée et mélanger jusqu'à l'obtention d'un roux. Incorporer graduellement le jus de fruits de mer réduit en brassant.

6 Ajouter la crème légère ou le lait en brassant constamment. Cuire à feu très doux de 7 à 8 minutes. Vérifier souvent pour éviter que la sauce ne colle. Deux minutes avant la fin de la cuisson, ajouter le gruyère, la muscade et du poivre. Au besoin, ajuster la consistance de la béchamel avec du lait et de la farine. Incorporer les crevettes, les pétoncles et les palourdes.

7 Préchauffer le four à 350 °F (180 °C).

8 Dans un plat carré de 8 po x 8 po (20 cm x 20 cm) allant au four, monter la lasagne en alternant sauce et pâtes. (Si désiré, entre chaque rangée, ajouter un peu de mozzarella et des tronçons d'asperges.) Saupoudrer la mozzarella sur le dessus pour gratiner.

9 Cuire au four de 35 à 40 minutes (les temps de cuisson peuvent varier selon votre four). À 5 minutes de la fin, mettre le four à « broil » pour gratiner le fromage.

10 Si désiré, servir avec une salade verte de votre choix et du bon pain français. Bon appétit !

→ *Bœuf, légumes, fromages : cette généreuse lasagne prend un peu de temps à préparer mais elle fera l'unanimité auprès des petits et grands. Idéale pour ajouter des légumes verts au menu, presque ni vu, ni connu !*

MICHEL FORGET

On l'a découvert

À la télévision, il incarnait Mario Duquette, le comptable toujours habillé à la dernière mode dans la comédie *Du tac au tac*.

On le retrouve

Il joue le rôle de René Ouellet, l'imprévisible directeur de la commission scolaire dans *Virginie*.

Changement de rôle?

Avant d'être un comédien et un homme d'affaires très connu, il rêvait de devenir médecin.

Match des étoiles

LASAGNE À LA COURGETTE ET AUX ÉPINARDS

VERSION 3
Légumes et fromage cottage, voici la version santé

Préparation → 30 min
Cuisson → 1 h 30
Portions → 6

→
Ingrédients
Sauce tomate

1 c. à tab	huile d'olive	15 ml
1	oignon ciselé	1
1	gousse d'ail hachée	1
	quelques champignons frais	
1 lb	bœuf haché maigre	500 g
1	boîte de tomates broyées (28 oz/796 ml)	1
1	boîte de pâte de tomates (5,5 oz/156 ml)	1
3	branches de basilic frais, hachées	3
1 c. à thé	sel	5 ml
1/4 c. à thé	poivre noir du moulin	1 ml
1	pincée de sucre	1

→
Garniture aux légumes

2 c. à tab	huile d'olive	30 ml
2	oignons ciselés	2
2	gousses d'ail hachées	2
3 t	courgettes râpées avec leur pelure et égouttées	750 ml
10 oz	épinards frais, lavés et égouttés	300 g
2	œufs battus	2
2 t	fromage cottage	500 ml
1/4 t	persil frais, haché	60 ml
	sel	
1/4 c. à thé	poivre noir du moulin	1 ml

→
Montage

	pâtes à lasagne (précuites ou non)	
1 t	cheddar fort râpé	250 ml
1 t	mozzarella râpée	250 ml
6 c. à tab	parmesan fraîchement râpé	90 ml
2 c. à tab	huile d'olive	30 ml

→
Préparation
Sauce tomate

1 Dans une casserole, faire chauffer l'huile et y faire revenir l'oignon pendant 1 minute. Ajouter l'ail, les champignons et le bœuf, puis faire sauter jusqu'à ce que le bœuf soit cuit. Ajouter les tomates, la pâte de tomates, le basilic, le sel, le poivre et le sucre. Laisser mijoter pendant 20 minutes, en brassant de temps en temps. Écumer et réserver cette sauce.

→
Garniture aux légumes

2 Entre-temps, dans une casserole, faire chauffer l'huile et y faire revenir les oignons pendant 1 minute. Ajouter l'ail, les courgettes et les épinards. Bien mélanger, couvrir et laisser cuire à feu doux jusqu'à ce que les épinards soient cuits, environ 1 minute. Retirer le couvercle et poursuivre la cuisson de 3 à 4 minutes. Retirer du feu et égoutter l'excédent de liquide (cette étape est très importante, sinon ce sera trop liquide).

3 Dans un bol, mélanger les œufs, le fromage cottage, le persil, le sel et le poivre. Incorporer aux légumes en remuant bien.

→
Montage

4 Préchauffer le four à 350 °F (180 °C). Graisser un plat en pyrex de 9 po x 13 po (23 cm x 33 cm).

5 Dans une grande casserole d'eau bouillante salée additionnée d'huile, faire cuire les pâtes à lasagne de 3 à 4 minutes. Si les pâtes sont précuites, les tremper dans de l'eau chaude juste le temps de les amollir.

6 Disposer une rangée de pâtes dans le fond du plat de pyrex, puis monter la lasagne en étages successifs comme suit : sauce tomate, rangée de pâtes, garniture de légumes, rangée de pâtes, puis tous les fromages râpés. Arroser d'huile d'olive. Cuire au four pendant 1 heure.

7 Servir la lasagne bien chaude, accompagnée d'une salade et d'une bonne baguette de pain frais.

→ *Je fais cette lasagne depuis que j'ai quitté la maison familiale pour aller vivre en appartement et c'est un franc succès ! Je n'aime pas les lasagnes avec trop d'ingrédients : voici donc une version très simple, le secret étant dans la sauce... béchamel.*

VÉRONIQUE CLOUTIER

On l'a découverte

Comme VJ à Musique Plus, elle nous faisait déjà partager la passion de la musique qui aura aussi marqué son passage à *La Fureur*.

On la retrouve

Elle anime le jeu télévisé *Paquet Voleur* entourée de sa joyeuse bande de frimeurs.

Femme d'affaires, Véro?

Aux rênes de la boîte Novem, elle produit des spectacles d'humour, des émissions de variétés, des téléréalités et bientôt un premier long métrage.

MA CÉLÈBRE LASAGNE

VERSION 4
Sauce béchamel
et tomate au vin rouge,
voici la version
« deux couleurs »

Préparation → 30 min
Cuisson → 1 h
Portions → 6 à 8

→
Ingrédients

	pâtes à lasagne cuites	
	mozzarella râpée	

→
Sauce

1 c. à tab	huile d'olive	15 ml
2 lb	bœuf haché maigre (ou veau haché)	1 kg
2	oignons hachés	2
4	gousses d'ail hachées	4
1/4 t	pâte de tomates	60 ml
1	boîte de tomates broyées (28 oz/796 ml)	1
3/4 t	vin rouge	180 ml
2 c. à tab	herbes italiennes	30 ml
1/2 c. à thé	flocons de piments forts	2 ml
	sel et poivre noir du moulin	

→
Béchamel

2/3 t	beurre	160 ml
2/3 t	farine	160 ml
4 t	lait	1 l
1 1/2 t	cheddar fort râpé	375 ml
	sel et poivre noir du moulin	

→
Préparation

1 Pour la sauce : dans un poêlon, chauffer l'huile d'olive et y faire brunir la viande, les oignons et l'ail. Ajouter tous les autres ingrédients de la sauce et laisser mijoter 30 minutes. Assaisonner au goût.

2 Pendant ce temps, préparer la béchamel. Faire fondre le beurre dans une casserole. Y ajouter la farine en brassant et cuire 2 minutes. Ajouter le lait en fouettant. Une fois la béchamel épaissie, la retirer du feu et ajouter le fromage en remuant. Saler et poivrer.

3 Préchauffer le four à 350 °F (180 °C).

4 Disposer des pâtes à lasagne dans un plat en pyrex rectangulaire. Ajouter une couche de sauce, suivie de béchamel, suivie de pâtes. Répéter l'opération tant qu'il reste des ingrédients, puis terminer avec la mozzarella râpée.

5 Cuire au four 30 minutes ou jusqu'à ce que le fromage soit fondu et doré. Bon appétit !

→ *Ce plat original et sans prétention peut être servi comme menu principal avec du riz ou sur des pâtes. Vous pouvez aussi le proposer à vos invités en guise d'entrée, en cassolettes gratinées, par exemple.*

GUY D'AOUST

On l'a découvert

Par sa couverture des Jeux olympiques et des matchs des Canadiens de Montréal.

On le retrouve

Il travaille au service des sports de Radio-Canada depuis 1993, notamment comme chef d'antenne des Jeux olympiques.

Son épreuve préférée aux Jeux olympiques?

Le 100 mètres. Depuis la cour d'école, on veut tous savoir qui court le plus vite!

SAUCE AUX CHAMPIGNONS ET AU POULET À L'AIL

Préparation → 15 min
Cuisson → 40 min
Portions → 6 plats principaux ou 8 entrées

→
Ingrédients

2 c. à tab	beurre	30 ml
2	gousses d'ail hachées très finement	2
1/2 lb	poulet ou dindon haché	250 g
2 ou 3	pincées de thym séché	2 ou 3
1/4 t	chapelure	60 ml
2 ou 3	oignons verts tranchés finement	2 ou 3
1	barquette de champignons de Paris, coupés en lamelles épaisses (ou 1 barquette et demie si vous aimez les champignons)	1
2	boîtes de crème de champignons (10 oz/284 ml)	2
1 c. à thé	bouillon de poulet	5 ml
	sel d'oignon	
	poivre noir du moulin	

→
Préparation

1 Dans un poêlon, faire fondre le beurre. Y dorer l'ail, retirer et réserver.

2 Dans un bol, mélanger le poulet ou le dindon haché, le thym, la chapelure et l'ail sauté en malaxant avec les mains. Saler et poivrer au goût (mais pas trop de sel !). Confectionner de petites boulettes de 1/2 po (1 cm) de diamètre. Réserver.

3 Dans le poêlon ayant servi à dorer l'ail, attendrir et dorer les oignons verts, puis les verser dans une grande casserole.

4 Dans le même poêlon, faire brièvement sauter les champignons dans une petite quantité de beurre. Ne pas saler. Les transférer dans la casserole.

5 Toujours dans le même poêlon, ajouter un peu de beurre et faire revenir les boulettes (inutile de les passer dans la farine). Les retirer quand elles sont dorées mais encore roses à l'intérieur.

6 Verser les boîtes de crème de champignons dans la casserole. Incorporer le bouillon de poulet et les assaisonnements en mélangeant bien.

7 Ajouter enfin les boulettes et faire mijoter le tout une quinzaine de minutes. Noter qu'une cuisson plus longue atténuera progressivement le goût de l'ail dans les boulettes. Servir.

Note. On peut remplacer la crème de champignons par 2 t (500 ml) de sauce béchamel maison. Après la cuisson des boulettes, déglacer le poêlon avec 1/4 t (60 ml) de crème à cuisson et ajouter à la sauce béchamel.

MARC LAURENDEAU

On l'a découvert
Comme éditorialiste en chef au quotidien *Montréal-Matin* dans les années 1970.

On le retrouve
À la radio de Radio-Canada où il est journaliste-chroniqueur.

L'actualité, il en mange?
Oh oui! Il donne même un cours en analyse de l'actualité à l'Université de Montréal.

Maestro SVP

CAVATELLIS AUX FRUITS DE MER
façon Pugliese de Graziella

Préparation → 10 min
Cuisson → 25 min
Portions → 4

→
Ingrédients

1 lb	cavatellis* (ou pâtes tubes coudées)	500 g
3 c. à tab	huile d'olive	45 ml
2	gousses d'ail émincées	2
4 à 6	feuilles de sauge fraîche	4 à 6
4	petits piments rouges secs OU	4
1/2 c. à thé	poudre de chili	2 ml
2 lb	moules	1 kg
1/2 t	vin blanc sec	125 ml
1 lb	calmars tranchés en rondelles ou petits pétoncles	500 g
1/2 lb	petites crevettes	250 g
1 t	fèves romanos (haricots romains) ou borlottis	250 ml
	sel	

* Les cavatellis sont des pâtes tubes semblables aux pennes.

→
Préparation

1 Dans une grande casserole d'eau bouillante salée, faire cuire les pâtes *al dente*, égoutter et réserver.

2 À feu moyen, faire chauffer l'huile dans un faitout. Y faire revenir l'ail, la sauge et les piments, 1 minute environ ou jusqu'à légère coloration. Ajouter les moules et le vin, couvrir et cuire à l'étouffée, 2 à 3 minutes ou jusqu'à ce que les moules s'ouvrent (jeter celles qui restent fermées).

3 Ajouter les calmars ou les pétoncles, les crevettes et les fèves, puis mélanger. Les crevettes sont cuites lorsqu'elles sont roses.

4 Ajouter les pâtes, assaisonner et mélanger soigneusement. Garnir de sauge avant de servir.

→ *Cette recette me vient d'une restauratrice et chef cuisinière extrêmement appréciée. J'ai goûté avec plaisir sa manière originale de renouveler les plats de style paella.*

→ *Cette recette m'a été donnée, il y a une dizaine d'années,*
par la maquilleuse France Signori (d'où le nom). Il ne se passe
plus un été sans que je cuisine ce plat simple et savoureux.
Je l'accompagne toujours d'un bon verre de rosé... puis d'un
autre... et d'un autre encore !

MAXENCE BILODEAU

On l'a découvert

Il a passé toute sa carrière comme journaliste à Radio-Canada.
Un bon employeur, nous dit-il, c'est comme des bonnes pâtes, on ne change pas la recette.

On le retrouve

Il est correspondant à l'étranger pour la télévision de Radio-Canada, en poste à Paris.

Ce qu'on ne sait pas de lui?

La plupart du temps, caméra en main, il tourne, réalise et monte seul ses propres reportages, qu'il envoie par Internet d'une chambre d'hôtel à Amsterdam ou d'un café à Rome.

PENNES AUX TOMATES FRAÎCHES SIGNORI

Préparation → 5 min
Cuisson → 20 min
Temps de repos → 1 à 3 h
Portions → 4 à 6

→
Ingrédients

4	grosses tomates coupées en dés et généreusement arrosées d'huile d'olive	4
1/4 t	tomates séchées dans l'huile	60 ml
1/3 t	pignons (noix de pin) grillés ou non	80 ml
2	gousses d'ail (au goût)	2
12	feuilles de basilic frais, hachées	12
4 t	pâtes pennes	1 l
	parmesan fraîchement râpé	
	sel et poivre noir du moulin (beaucoup)	

→
Préparation

1 Dans un grand bol, mélanger tous les ingrédients, sauf les pâtes et le parmesan. Laisser reposer au moins 1 heure, mais pas plus de 3 heures.

2 Faire cuire les pâtes, bien les égoutter, puis les ajouter au mélange de tomates. Laisser reposer 1 à 2 minutes, le temps que les pâtes deviennent tièdes.

3 Servir avec du parmesan et une nouvelle salve de poivre moulu.

SAUCE AU VEAU ET AUX ÉPINARDS

Préparation → 5 min
Cuisson → 20 min
Portions → 2

→

Ingrédients

1 c. à tab	huile d'olive	15 ml
1	petite gousse d'ail hachée	1
6 oz	veau haché	180 g
1 1/2 t	sauce tomate	375 ml
1 t	épinards frais, ciselés	250 ml
2 c. à tab	fromage romano fraîchement râpé	30 ml
	sel et poivre noir du moulin	
	pâtes cuites au choix	

→

Préparation

1 Dans un poêlon, chauffer l'huile d'olive à feu moyen-fort et y faire suer l'ail 30 secondes. Ajouter le veau et bien cuire en mélangeant quelques fois.

2 Incorporer la sauce tomate et laisser mijoter 5 minutes.

3 Ajouter ensuite les épinards, le fromage, le sel et le poivre, en mélangeant bien. Servir sur vos pâtes préférées.

HUGO DUBÉ

On l'a découvert

Partout! Depuis 20 ans, il a interprété plus de 75 rôles principaux au cinéma, au théâtre et à la télévision.

On le retrouve

Il incarne Bertrand Lavoie dans *Providence*, rôle qui lui a valu plusieurs nominations aux Gémeaux.

Sa citation préférée?

« Nous sommes ce que nous répétons chaque jour. » (Aristote)

→ *Ma famille fait beaucoup de sport. Les pâtes sont donc régulièrement au menu. Ce plat simple, vite fait et délicieux fait carrément l'unanimité chez nous !*

→ *Je tiens cette recette d'un ami italien qui cuisine*
  très bien, et qui est dans ma vie depuis des années,
  puisqu'il s'agit du mari de ma meilleure amie !

PENNES AU CONFIT DE CANARD

Préparation → 15 min
Cuisson → 30 min
Portions → 4

→
Ingrédients

3 c. à tab	huile ou beurre	45 ml
1/2	oignon haché	1/2
1	gousse d'ail hachée	1
1 t	fond de veau	250 ml
2	cuisses de canard confites en petits morceaux	2
	poivre noir du moulin	
	un peu de crème 35 %	
	pennes ou spaghettis cuits	

→
Préparation

1 Dans un gros poêlon, faire chauffer l'huile ou le beurre. Y faire revenir l'oignon et l'ail. Ajouter le fond de veau, puis faire réduire de moitié.

2 Ajouter les morceaux de confit de canard et poivrer légèrement. Faire réchauffer le canard dans la sauce quelques minutes.

3 Ajouter suffisamment de crème pour obtenir une sauce brun-crème.

4 Servir sur les pâtes.

EMMANUEL BILODEAU

On l'a découvert

Le Volcan tranquille de Pierre Gauvreau lui a donné son premier grand rôle dans un téléroman.

On le retrouve

Il joue Charles Paulin, le petit frère socialement engagé dans le téléroman *Providence*.

Sa télé préférée?

Il s'avoue radio-canadien dans l'âme, puisque ses grands frères sont journalistes à la SRC et que son père n'écoutait que la télé publique.

MONIQUE
MERCURE

On l'a découverte

Au cinéma, en 1951, dans le film
Ti-Coq de Gratien Gélinas.

On la retrouve

Elle incarne Édith Beauchamp,
la matriarche du téléroman
Providence.

A-t-elle tout joué?

On dirait bien. De Sophocle
à Shakespeare, en passant par
Michel Tremblay et Robert Lepage,
elle est assurément l'une de nos
grandes dames de théâtre.

Maestro SVP

PÂTES
ROMANOV

Préparation → 5 min
Cuisson → 30 min
Portions → 4

→
Ingrédients

5 c. tab	beurre	75 ml
2/3 t	vodka	160 ml
1 à 2 c. à tab	piments forts séchés	15 à 30 ml
1	boîte de tomates, égouttées (19 oz/540 ml)	1
5 c. soupe	crème	75 ml
	pâtes cuites *al dente* au choix	

→
Préparation

1 Dans une casserole, faire fondre le beurre,
ajouter la vodka et les piments séchés.
Faire mijoter 2 minutes.

2 Ajouter les tomates et la crème, puis laisser
mijoter 5 minutes.

3 Servir sur les pâtes.

→ *J'affectionne cette recette pour sa facilité,
son originalité et sa rapidité. Je l'ai goûtée la première fois
chez une amie. Toute simple mais combien délicieuse !*

→ *Idéal en hiver pour l'après-ski !*
Cette recette, signée de notre Ricardo national,
est tout simplement exquise !

Maestro SVP

GNOCCHIS À LA CRÈME D'AIL

Préparation → 10 min
Cuisson → 25 min
Portions → 4

→
Ingrédients

1 t	bouillon de poulet	250 ml
1/2 t	crème 35 %	125 ml
12	gousses d'ail	12
2	paquets de gnocchis du commerce (454 g chacun)	2
2 c. à tab	huile d'olive	30 ml
1	barquette de champignons blancs tranchés (227 g)	1
1	oignon vert émincé	1
1/4 t	persil plat ciselé	60 ml
3/4 t	gruyère râpé	180 ml
	sel et poivre noir du moulin	

→
Préparation

1 Dans une casserole, porter à ébullition le bouillon, la crème et l'ail. Laisser mijoter doucement jusqu'à ce que l'ail soit tendre, environ 15 minutes.

2 Au mélangeur, réduire le tout en purée lisse. Saler et poivrer, puis réserver.

3 Dans une casserole d'eau bouillante salée, cuire les gnocchis jusqu'à ce qu'ils remontent à la surface. Poursuivre la cuisson environ 2 minutes pour qu'ils soient bien cuits au centre. Égoutter, huiler légèrement et réserver.

4 Dans un grand poêlon, verser l'huile et y faire dorer les champignons. Saler, poivrer, ajouter l'oignon vert et poursuivre la cuisson 1 minute. Ajouter la crème d'ail réservée, les gnocchis, le persil et le gruyère. Bien mélanger et rectifier l'assaisonnement. Servir en plat principal ou en entrée.

PASCALE DESROCHERS

On l'a découverte
Fabienne Larouche lui a confié l'un de ses premiers rôles à la télé, dans l'émission *Music Hall*.

On la retrouve
Son personnage de Louise Pouliot, décrit comme une mal engueulée, gère la cafétéria de l'école dans *Virginie*.

Petite vie... de théâtre?
Sur les planches, elle est une actrice fidèle à Claude Meunier, pour qui elle a joué dans *Les Voisins*, *Appelez-moi Stéphane* et *Les Noces de tôle*.

PENNES AU THON

Préparation → 10 min
Cuisson → 25 min
Portions → 6

→
Ingrédients

1	paquet de pennes rigates (petites pâtes striées) (500 g)	1
2	boîtes de thon dans l'huile, égoutté et défait en flocons (198 g chacune)	2
1	quinzaine d'olives kalamata, dénoyautées et hachées grossièrement	1
2 c. à tab	persil italien frais, haché	30 ml
1 c. à tab	câpres hachées	15 ml
2	oignons verts hachés	2
1/4 t	bonne huile d'olive	60 ml
	quelques bouquets de brocoli ou autre légume au choix	
	parmesan fraîchement râpé	
	sel et poivre noir du moulin	

→
Préparation

1 Cuire d'abord les pâtes *al dente* dans une grande casserole d'eau bouillante salée.

2 Entre-temps, dans un bol, bien mélanger le thon, les olives, le persil, les câpres et les oignons verts en ajoutant suffisamment d'huile d'olive pour mouiller le tout (environ 1/4 t /60 ml), je le fais à l'œil...

3 Dans une casserole d'eau bouillante salée, blanchir le brocoli (ou autre légume) quelques minutes. Retirer et égoutter.

4 Quand les pâtes sont cuites, les retirer et les égoutter.

5 Déposer le mélange de thon dans la casserole ayant servi à cuire les pâtes et le réchauffer légèrement pendant 1 ou 2 minutes en remuant.

6 Remettre les pâtes dans la casserole et mélanger. Ajouter les bouquets de brocoli à la dernière minute pour ne pas les abîmer. Saler et poivrer.

7 Servir avec du parmesan râpé.

PHILIPPE SCHNOBB

On l'a découvert

Il s'est vu confier les affaires municipales pour *Montréal ce soir* en 1997 (après avoir roulé sa bosse pendant 10 ans dans l'Ouest canadien).

On le retrouve

Il anime l'émission *C'est ça la vie* à partir des studios d'Ottawa, région où il a grandi.

La salle des nouvelles lui manque?

Non, il aime rencontrer des gens attachants qui vivent des choses fascinantes. Quoi demander de mieux!

→ *Quand je rentrais tard à la maison, après le bulletin de nouvelles de 18 h ou un événement d'actualité qui s'éternisait, cette recette rapide était un bon compromis. Je continue à la cuisiner, j'aime qu'il en reste pour le dîner du lendemain...*

→ *Ne laissez pas leur nom italien vous tromper, ces pâtes sont asiatiques à souhait. Une fausse légende veut que Marco Polo ait introduit les spaghettis en Italie après un voyage en Chine au XIIIᵉ siècle, mais ceux-ci y étaient connus depuis l'Antiquité.*

JEAN-FRANÇOIS LÉPINE

On l'a découvert

Comme journaliste et animateur du magazine radiophonique *Présent* de 1975 à 1978.

On le retrouve

Il met à profit son expérience de correspondant étranger pour animer l'émission *Une heure sur Terre*.

Pas étranger aux honneurs?

Il a reçu le prix du meilleur documentaire d'information de la Communauté des télévisions de langue française pour *La Chine, dix ans après Mao*.

Allô le monde

PÂTES
MARCO POLO

Préparation → 10 min
Cuisson → 30 min
Portions → 4

→
Ingrédients
Pesto à la coriandre (recette de Ricardo Larrivée)

1 t	coriandre fraîche	250 ml
1 t	persil italien frais	250 ml
6	gousses d'ail	6
1 1/2 t	huile d'olive	375 ml
1/2 t	pignons (noix de pin)	125 ml
3/4 t	parmesan fraîchement râpé	180 ml
	jus et zeste râpé de 1 lime	
	sel et poivre noir du moulin	

→
Crevettes au wok

	pâtes chinoises pour 4 personnes	
1/4 t	huile de tournesol	60 ml
2	grosses gousses d'ail hachées	2
1	oignon moyen émincé	1
1 c. à thé	sauce soja	5 ml
20	crevettes fraîches moyennes, décortiquées	20
1 c. à thé	sauce aux huîtres	5 ml

→
Préparation
Pesto

1 Au mélangeur électrique, réduire d'abord la coriandre, le persil, les gousses d'ail et une partie de l'huile d'olive. Incorporer graduellement les noix de pin, le parmesan, le zeste et le jus de la lime avec le reste de l'huile d'olive. Assaisonner et réserver.

→
Crevettes

2 Faire cuire les pâtes selon le mode d'instruction sur l'emballage.

3 Entre-temps, dans un wok, faire chauffer l'huile de tournesol. Y faire sauter l'ail et l'oignon, puis ajouter un peu de la sauce soja. Ajouter les crevettes et laisser frémir sans couvrir, le temps qu'elles deviennent rose. Ajouter le reste de la sauce soja et la sauce aux huîtres.

4 Réchauffer le pesto à la coriandre.

5 Servir les pâtes dans des bols individuels, garnies de pesto à la coriandre et de cinq crevettes par personne.

ENCHILADAS

**LOUIS-PHILIPPE
BEAUCHAMP**

On l'a découvert

Tombé dans la pub dès l'âge
de cinq ans, il a obtenu son premier
grand rôle dans le téléroman
L'Auberge du chien noir.

On le retrouve

Toujours domicilié à *L'Auberge*,
il interprète aussi le rôle de Zach
dans la série *Les Parent*.

A-t-il l'esprit de vengeance?

Surtout l'esprit de famille,
puisqu'il a partagé l'écran avec
son frère Marc-Antoine dans le film
Le Guide de la petite vengeance.

Préparation → 10 min
Cuisson → 30 min
Portions → 4

→
Ingrédients

1 c. à tab	huile d'olive	15 ml
1	oignon haché	1
1 1/2 lb	bœuf haché extra maigre	750 g
1 1/4 t	salsa	310 ml
2 c. à tab	jus de lime fraîchement pressé	30 ml
1 c. à tab	coriandre fraîche, hachée	15 ml
	sel et poivre noir du moulin	
	tortillas de blé	
	fromage Monterey Jack ou cheddar, râpé	
	olives noires ou vertes dénoyautées, tranchées	

→
Préparation

1 Préchauffer le four à 350 °F (180 °C).

2 Dans un grand poêlon, chauffer l'huile
et y faire revenir l'oignon. Ajouter le bœuf
et bien cuire en brassant.

3 Ajouter 1 t (250 ml) de salsa, le jus de lime
et la coriandre. Saler et poivrer au goût.

4 Répartir ce mélange dans des tortillas.
Les rouler et les déposer dans un plat en verre
allant au four. Couvrir du reste de salsa,
de fromage et d'olives.

5 Cuire au four 20 minutes. Servir avec
une petite salade verte.

→ *C'est une recette que maman fait
régulièrement et que j'aide souvent à préparer.
C'est délicieux et facile à faire.
Mon frère et moi en raffolons... et les amis
qui viennent à la maison aussi.*

→ Rencontre entre deux célèbres chilis, l'un du Texas et l'autre de Cincinnati, ce Texinati Chili joue l'originalité avec ses saveurs épicées et sucrées. À Cincinnati, on sert le chili sur des sphaghettis !

ISABELLE BLAIS

On l'a découverte

Grâce à l'un de ses premiers rôles en carrière, celui de Catherine dans le film *Québec-Montréal*.

On la retrouve

Elle incarne Sarah, la fille *straight* de la comédie dramatique *C.A.*

Intimidant, le nu ?

À cause des scènes de nudité du film *Borderline* (qui lui a valu un Jutra), elle s'est entraînée pour la première fois de sa vie, question d'être à l'aise avec son corps.

TEXINATI CHILI

Préparation → 15 min
Cuisson → 1 h 50
Portions → 6

→
Ingrédients

1 c. à tab	huile végétale	15 ml
2 lb	bœuf haché	1 kg
2	oignons moyens hachés	2
5	gousses d'ail hachées	5
2 t	bouillon de bœuf	500 ml
1 t	eau	250 ml
1	boîte de sauce tomate (19 oz/540 ml)	1
2 c. à tab	vinaigre de vin rouge	30 ml
2 c. à tab	sauce Worcestershire	30 ml
1	grande feuille de laurier	1
1/4 t	poudre de chili (ou plus au goût)	60 ml
1 c. à thé	cumin moulu	5 ml
1 c. à thé	origan (de préférence mexicain)	5 ml
1 c. à thé	paprika	5 ml
1	bâton de cannelle (de préférence mexicaine)	1
1/2 t	café fort fraîchement préparé (de type espresso-prêt à boire)	125 ml
1	carré de chocolat mexicain (ou de cuisson) non sucré (1 oz/30 g)	1
4	grosses saucisses italiennes, boyaux enlevés et coupées en grosses rondelles	4
1	boîte de fèves rouges, rincées et égouttées (19 oz/540ml)	1
1/2 t	mélasse ou plus au goût	125 ml
1	petit oignon coupé en gros morceaux (pour la garniture)	1
1 t	cheddar vieilli râpé (pour la garniture)	250 ml
	sel et poivre noir du moulin	

→
Préparation

1 Dans une casserole à feu moyen, chauffer l'huile et y faire brunir le bœuf haché, l'oignon et l'ail.

2 Ajouter le bouillon de bœuf, l'eau, la sauce tomate, le vinaigre, la sauce Worcestershire et la feuille de laurier. Cuire en mélangeant 5 minutes.

3 Ajouter la poudre de chili, le cumin, l'origan, le paprika, le sel, le poivre, le bâton de cannelle, le café et le chocolat. Brasser jusqu'à ce que le chocolat soit fondu. Ajouter les saucisses et faire mijoter 1 heure en brassant de temps en temps.

4 Ajouter les fèves rouges et la mélasse, puis faire mijoter encore 30 minutes. Servir garni d'oignon et de fromage. Bon appétit !

POULET À L'ORIENTALE DE MA TANTE MARINA

Préparation → 15 min
Cuisson → 2 h 5
Temps de réfrigération → 1 nuit
Portions → 4

→
Ingrédients

1	poulet	1
1/2 t	huile	125 ml
1/2 c. à thé	poivre noir du moulin	2 ml
2	gros oignons coupés en rondelles	2
1/4 c. à thé	gingembre moulu	1 ml
1/4 c. à thé	moutarde en poudre	1 ml
1/2 t	sauce soja	125 ml
2 c. à thé	cassonade	10 ml
3	gousses d'ail hachées	3

→
Préparation

1 Assécher le poulet et le placer dans un chaudron peu profond.

2 Mélanger tous les autres ingrédients et verser le tout sur le poulet.

3 Recouvrir de papier d'aluminium et placer au réfrigérateur toute la nuit.

4 Préchauffer le four à 350 °F (180 °C). Y cuire le poulet sous son papier d'aluminium pendant 2 heures, en retournant de temps en temps.

5 Découvrir et poursuivre la cuisson 5 minutes pour dorer.

FRANCE BEAUDOIN

On l'a découverte

En 1994, alors qu'elle animait les épreuves de ski acrobatique aux Jeux olympiques de Lillehammer.

On la retrouve

Elle anime une émission à la télé, *Bons baisers de France*, et une autre à la radio, *M pour Musique* à Radio-Canada.

La bouffe, elle connaît bien?

Drôlement! Journaliste avant d'être animatrice, elle a œuvré comme reporter gastronomique à la radio de CFGL...

→ *Cette recette est d'abord celle de ma tante Marina,
mais toute la famille se l'est appropriée. Et même si c'est vite
fait, je réserve ce plat de mon enfance aux occasions spéciales,
quand on a un petit quelque chose à fêter.*

→ *Vin blanc, huile d'olive, piment fort et beaucoup, beaucoup d'ail ! Avec leurs saveurs méditerranéennes et leur méthode de cuisson originale, ces « petits poulets » feront un grand effet.*

POULET GRILLÉ À LA PORTUGAISE

Préparation → 10 min
Cuisson → 20 à 30 min
Temps de marinade → quelques heures
Portions → 4

→
Ingrédients

4	poulets de Cornouailles	4

→
Marinade

3 t	eau	750 ml
1/2 t	vin blanc	125 ml
1/2 t	huile d'olive	125 ml
1/3 t	gros sel	80 ml
3 c. à tab	paprika	45 ml
2	têtes (bulbes entiers) d'ail frais, hachées	2
	piment fort au goût	

→
Préparation

1 Ouvrir en crapaudine : fendre les poulets le long du dos et les aplatir afin qu'ils ressemblent... à des crapauds, d'où le nom.

2 Mélanger tous les ingrédients de la marinade et y faire macérer le poulet pendant quelques heures.

3 Préchauffer le barbecue à feu moyen-fort et y faire cuire les poulets pendant au moins 20 à 30 minutes. Pendant la cuisson, retirer les poulets du gril et les immerger dans la marinade. Remettre sur le gril et continuer la cuisson. Répéter à plusieurs reprises. Cela évite de faire brûler le poulet pendant la cuisson. Servir.

FRANCIS REDDY

On l'a découvert

Dans l'émission *À plein temps*, où se côtoyaient acteurs et marionnettes géantes.

On le retrouve

Il coanime, avec Boucar Diouf, l'émission gourmande *Des kiwis et des hommes*.

Engagé, Francis Reddy?

Le cœur sur la main, il a longtemps animé le Téléthon Opération Enfant Soleil et agit comme porte-parole pour plusieurs causes, dont le Défi Santé 5-30.

CHRISTINE BEAULIEU

On l'a découverte

Elle tenait le rôle d'Anaïs dans
La Vie rêvée de Mario Jean.

On la retrouve

Difficile d'imaginer plus charmante
sexologue que sa Véronique Gagnon
dans *Virginie.*

Le cinéma dans tout ça?

Sa carrière au grand écran lui a déjà
permis de participer à plusieurs
films dont *La Vie avec mon père,
Ma fille, mon ange, L'Instinct de
mort* et *Romaine par -30.*

PAD THAÏ DE BANGKOK
(street style)

Préparation → 10 min
Cuisson → 10 min
Temps de trempage → 15 min
Portions → 4

→
Ingrédients

1/2 lb	nouilles de riz thaïlandaises	250 g
3,5 oz	germes de soja	100 g
3 c. à tab	huile végétale	45 ml
1	gousse d'ail hachée finement	1
4	jeunes oignons (oignons du printemps)	4
7 oz	petites crevettes	200 g
1 c. à thé	sucre	5 ml
2 c. à tab	sauce de poisson	30 ml
2	œufs battus	2
	quelques crevettes séchées	
1 oz	arachides grillées hachées grossièrement	30 g
	piment en poudre	
	feuilles de coriandre	
	jus de 1 lime	

→
Préparation

1 Tremper les nouilles de riz dans de l'eau tiède durant
15 minutes. Égoutter et réserver.

2 Déposer les germes de soja dans de l'eau froide.

3 Chauffer l'huile végétale dans un wok et y faire frire l'ail
et les oignons jusqu'à l'obtention d'une belle couleur dorée.

4 Ajouter les crevettes et les cuire jusqu'à ce qu'elles soient
bien roses. Ajouter le sucre, la sauce de poisson et les
nouilles, puis mélanger le tout.

5 Casser les 2 œufs sur le tout et les cuire en remuant,
environ 2 minutes.

6 Égoutter les germes de soja, les ajouter au mélange de
nouilles et poursuivre la cuisson encore 2 petites minutes.

7 Pour servir, garnir à votre goût de crevettes séchées,
d'arachides, de piment en poudre, de coriandre et de jus
de lime. Déguster et bon appétit!

→ *Dans les rues de Bangkok, ce plat coûte 25 ¢... On en trouve à tous les coins de rue, un peu comme les hot-dogs à New York, mais en moins cher, plus raffiné et bien meilleur.*

→ J'ai découvert ce plat lors d'un voyage au Pays basque,
dans les Pyrénées en France. C'est tout simple et le parfum du
piment d'Espelette (un charmant village!) est délicieux.

Allô le monde

AXOA
DE VEAU

Préparation → 15 min
Cuisson → 1 h
Portions → 6

→
Ingrédients

1	oignon	1
1	gousse d'ail	1
8	petits piments verts doux	8
1	poivron rouge	1
	huile	
2 lb	veau haché	1 kg
	sel	
	piment d'Espelette moulu*	
1	verre d'eau ou de bouillon de bœuf (4 oz/125 ml)	1

* Ce piment n'étant pas très fort mais plutôt parfumé, j'en mets 2 bonnes cuillerées à table.

→
Préparation

1 Émincer l'oignon et l'ail.

2 Épépiner, puis couper les piments et le poivron en petits dés.

3 Dans un chaudron muni d'un couvercle, faire chauffer l'huile. Y faire revenir les légumes et l'ail pendant 10 minutes. Ajouter le veau haché, le sel et le piment d'Espelette. Faire revenir le tout et mouiller avec l'eau ou le bouillon. Laisser mijoter à couvert de 45 à 50 minutes.

4 Une dizaine de minutes avant la fin de la cuisson, retirer le couvercle pour que les jus de cuisson s'évaporent.

5 Accompagner de pommes de terre bouillies ou... frites !

ANNICK
BERGERON

On l'a découverte

Elle a fait ses premières armes à la télé dans l'émission *Fortier* en 1999.

On la retrouve

La secrétaire entêtée et fouineuse de la quotidienne *Virginie*, c'est elle.

Ce qu'on sait moins d'elle

Narratrice expérimentée, elle sait adopter plusieurs accents : asiatique, italien, *british*, antillais, russe, allemand, espagnol...

→ *Pour accompagner cette recette, je suggère...*
de s'entourer de gens qu'on aime et de servir un verre
de rouge. C'est ça, le bonheur !

PIERRE-ALEXANDRE FORTIN

On l'a découvert

Son premier rôle à la télé
le voit jouer Étienne Jomphe,
l'un des personnages de
La Rivière des Jérémie.

On le retrouve

Depuis 7 ans, il incarne le
personnage d'Alex le photographe
dans l'émission *L'Auberge du chien
noir*. Il sera aussi de la nouvelle
série *Aveux*.

Cosignataire d'une première?

Il fait partie de la gang du film
À 5000 km de Jérôme, le premier
film québécois cherchant à être
financé par le public et qui ne sortira
qu'en DVD...

LE COUSCOUS DE SASKIA

Préparation → 20 min
Cuisson → 1 h ou plus
Portions → 4 à 6

→
Ingrédients

1 c. à tab	huile d'olive	15 ml
1	gros oignon blanc haché	1
1	gousse d'ail hachée	1
	quelques carottes coupées en gros morceaux	
1	petit navet coupé en gros morceaux	1
	bouillon de poulet	
1	boîte de tomates entières (19 oz/540 ml)	1
	cumin ou épices à couscous (on en trouve partout)	
	paprika	
	sauce harissa (Dea est la meilleure, à mon avis)	
	pilons de poulet (2 par personne)	
	quelques courgettes vertes ou jaunes, coupées en gros morceaux	
1 t	pois chiches	250 ml
	saucisses merguez (en prévoir 2 par personne), coupées en 2	
	semoule (ne pas prendre celle à cuisson rapide)	
	poignée de raisins secs	

→
Préparation

1 Préchauffer le four à 350 °F (180 °C).

2 Dans une casserole, faire chauffer l'huile d'olive et y faire revenir l'oignon et l'ail. Ajouter les carottes et le navet, puis suffisamment de bouillon de poulet pour couvrir les légumes. Ajouter les tomates, le cumin ou les épices à couscous, le paprika au goût et la sauce harissa (attention ! c'est très piquant !). Laisser mijoter à feu doux environ 30 minutes. Idéalement, les légumes ne doivent pas être trop cuits à la fin.

3 Entre-temps, déposer les pilons sur une plaque de cuisson allant au four, les badigeonner d'un peu d'huile d'olive, saler et poivrer. Cuire au four sans couvrir 1 heure ou plus. S'assurer que la viande est bien cuite avant de servir. Quand les pilons sont croustillants, c'est encore meilleur... Si vous pouvez les cuire au barbecue, c'est génial !

4 Quand la sauce a mijoté 30 minutes, ajouter les courgettes et les pois chiches. Relever d'épices au goût.

5 Ajouter les merguez à la sauce et les faire cuire pendant 15 minutes. Les légumes et les saucisses doivent être bien recouverts de liquide. S'il en manque, ajouter un peu de bouillon de poulet ou d'eau.

6 Préparer la semoule en y ajoutant les raisins secs. Bien suivre les instructions sur l'emballage, mais ne pas mettre trop d'eau, elle doit bien se défaire. Idéalement, on termine la semoule en la roulant entre les doigts et en y ajoutant quelques gouttes d'huile d'olive.

7 Déposer la semoule dans l'assiette, couvrir de sauce et poser les pilons de poulet sur le dessus. Si vous aimez votre couscous bien relevé, ajouter de la sauce harissa.

→ *Mon Maroc à moi ! Quand on a une Rachida dans la famille, ça inspire des merveilles comme ce tajine. On raconte que, tout comme moi, les Romains trouvaient le cumin si savoureux qu'ils s'en servaient à la place du poivre.*

MARIE-CHRISTINE TROTTIER

On l'a découverte

À l'animation des magazines *L'Indice Plus* et *Consommaction*, ainsi qu'au magazine culturel *Rideau*, qui lui a valu un Gémeaux en 1993.

On la retrouve

Elle anime une émission radio du lundi au vendredi, de 9 h à 12 h, et, les vendredis midi, le *Palmarès Radio-Canada Musique*, y présentant albums en vue et coups de cœur.

Sa plus grande fierté ?

Pendant 20 ans, avoir pu guider les Québécois dans leurs choix culturels en leur faisant partager sa passion pour les arts.

TAJINE D'AGNEAU AUX CHAMPIGNONS ET AUX OIGNONS

Préparation → 10 min
Cuisson → 50 min
Portions → 4

→
Ingrédients

	huile d'olive	
3 lb	épaule d'agneau coupée en morceaux	1,5 kg
4	bons gros oignons hachés	4
1 c. à tab	curcuma	15 ml
1 c. à tab	cumin moulu (généreuse, la cuillerée)	15 ml
1	pincée de filaments de safran (facultatif)	1
1	bouquet de persil plat	1
1	bouquet de coriandre	1
	eau en quantité suffisante	
1	barquette de champignons de Paris (227 g)	1
1 c. à thé	sel	5 ml
1 c. à thé	poivre noir du moulin	5 ml

→
Préparation

1 Dans un faitout, faire chauffer un peu d'huile d'olive et y faire revenir les morceaux d'agneau avec l'oignon, le curcuma, le cumin, le safran, le persil, la coriandre, le sel et le poivre pendant environ 5 minutes. Lorsque la viande est bien colorée, la recouvrir d'eau et laisser mijoter, à feu moyen et sous couvert, pendant une trentaine de minutes. Ne pas hésiter à ajouter de l'eau si nécessaire.

2 Pendant ce temps, nettoyer et émincer les champignons. Dans un poêlon huilé, les faire sauter afin qu'ils dégorgent. Les transférer dans une casserole avec 3 verres de sauce prélevés dans le faitout. Laisser cuire à feu doux pendant 10 minutes. Une fois bien tendres, ajouter les champignons au mélange d'agneau et faire cuire de nouveau 15 minutes, à feu doux et sous couvert.

3 Une fois la viande cuite et sa sauce bien réduite, dresser au milieu du plat de service.

4 Servir très chaud, de préférence sur un lit de semoule. Bon appétit !

FILET DE PORC AU SIROP D'ÉRABLE ET AU GINGEMBRE

Préparation → 10 min
Cuisson → 20 min
Temps de marinade → 10 min
Portions → 4

→
Ingrédients

1 lb	filet de porc	500 g
2	gousses d'ail hachées	2
2 c. à tab	jus de citron	30 ml
	un peu d'huile	
2	bulbes de fenouil coupés en tranches	2
1/4 t	gingembre frais, haché	60 ml
1/2 t	calvados ou brandy	125 ml
1/4 t	sirop d'érable ou miel	60 ml

→
Préparation

1 Dans un bol, combiner le filet de porc, l'ail et le jus de citron, puis faire mariner pendant 10 minutes.

2 Préchauffer le four à 350 °F (180 °C).

3 Faire chauffer un peu d'huile dans un poêlon et y saisir le porc de chaque côté.

4 Dans un plat allant au four, placer les tranches de fenouil. Déposer le filet de porc sur le lit de fenouil et cuire au four, 15 minutes ou plus selon la cuisson désirée.

5 Pendant ce temps, dans le poêlon ayant servi à saisir le porc, verser un peu d'huile et y faire revenir le gingembre quelques minutes. Ajouter le calvados ou le brandy et le sirop d'érable ou le miel. Laisser réduire de moitié environ 4 à 5 minutes. Réserver.

6 Trancher le filet de porc et le servir dans des assiettes profondes. Accompagner de fenouil et napper de sauce au miel et gingembre. Si désiré, on peut aussi le servir avec du riz.

SONIA VIGNEAULT

On l'a découverte

Au petit écran, dans la série historique *Les Grands Procès*.

On la retrouve

Elle appartient à la grande famille de *Providence*, où elle joue le rôle d'Helena Beauchamp.

A-t-elle un penchant biographique?

Disons qu'elle s'est frottée à plusieurs monuments, puisqu'elle a joué dans les téléséries *René Lévesque*, *Duceppe* et *Cher Olivier*.

→ *Cette recette m'a toujours fait triper par sa simplicité
et sa touche un peu asiatique. J'adore faire la cuisine,
mais il faut que ce soit facile, sans trop d'étapes et idéalement
pas trop précis dans les quantités, question de saisir
l'inspiration du moment.*

→ *Dans la tradition juive, du coucher du soleil du vendredi à celui du samedi, il est interdit de travailler ou d'allumer un feu. La skhina permet de manger chaud le samedi midi sans enfreindre la règle puisque tout est prêt dès le vendredi.*

ARIEL IFERGAN

On l'a découvert

Dans l'émission *Watatatow* où il incarnait Ahmad.

On le retrouve

Il joue aujourd'hui le personnage de Mohamed dans *Virginie*.

Un beau moment en carrière?

Il a gagné le Masque des enfants terribles pour le spectacle *T'as aucune chance*, joué dans plus de 70 écoles secondaires.

SKHINA

Préparation → du vendredi après-midi
au samedi midi
Cuisson → 13 h
Portions → 8 à 10 personnes

→
Ingrédients

1 lb	pois chiches	500 g
3 c. à tab	safran	45 ml
	OU	
2 c. à tab	curcuma	30 ml
1	verre (8 oz /250 ml) d'huile d'olive	1
1	gousse d'ail entière épluchée	1
5	dattes dénoyautées	5
2 lb	viande avec gras (jarret ou poitrine de bœuf)	1 kg
1	pied de bœuf	1
2	os à moelle	2
8 oz	riz rincé à l'eau	250 g
1 t	eau (pour le riz)	250 ml
2 lb	pommes de terre	1 kg
1 1/2 lb	patates douces entières, lavées et épluchées	750 g
10	œufs dans leur coquille	10
	sel et poivre noir du moulin	

→
Farce salée

1 lb	blé	500 g
	persil frais, haché	
6	gousses d'ail hachées	6
1 c. à thé	flocons de piment doux	5 ml
1/2 c. à thé	flocons de piment fort	2 ml
1 c. à thé	cumin moulu	5 ml
1/2	verre (4 oz/125 ml) d'huile d'olive	1/2

→
Ou farce sucrée

7 oz	raisins secs	200 g
1/2	verre (4 oz/125 ml) d'amandes écrasées	1/2
2	clous de girofle	2
1/2 c. à thé	cannelle moulue	2 ml
1 c. à tab	miel	15 ml

→
Préparation

1 Vendredi matin, faire tremper les pois chiches dans de l'eau.

2 Vendredi soir, préchauffer le four à 350 °F (180 °C).

3 Rincer et égoutter les pois chiches, puis les déposer dans votre plus grande marmite. Ajouter le safran ou le curcuma, du sel, l'huile, l'ail et les dattes.

4 Déposer les morceaux entiers de viande avec le gras et les os sur le tout.

5 Combiner les ingrédients de la farce choisie (version salée ou sucrée) et les travailler à la main jusqu'à consistance homogène. Rouler la farce dans une mousseline ou de la gaze. Nouer les deux extrémités pour en faire un boudin. Déposer délicatement sur la viande dans la marmite.

6 Mettre le riz dans un bol résistant à la chaleur (ou dans du papier d'aluminium). Ajouter la tasse (250 ml) d'eau pour le riz, une pincée de curcuma, du sel et du poivre. Placer le bol dans la marmite. Il doit rester accessible.

7 Disposer autour les pommes de terre, les patates douces et les œufs en coquille. Recouvrir entièrement d'eau et mettre le couvercle.

8 Déposer la marmite au four et cuire pendant 1 heure. Retirer le riz et le réserver au chaud. Remettre la marmite au four ou la placer sur la cuisinière et poursuivre la cuisson pendant 12 heures à feu doux. Découvrir pendant la dernière heure si le jus de cuisson est très abondant et que vous préférez la viande plus caramélisée.

9 Pour servir, écaler les œufs, verser la sauce dans une saucière et couper la farce en tranches. Servir le tout dans de grands plats en essayant de ne pas trop mélanger les différentes composantes.

→ Difficile d'imaginer un souper plus « gars » que
des côtes levées avec de la bière. Ici, l'originalité consiste
à mettre la bière dans la sauce. Cette recette est très
facile à réaliser, vu sa liste d'ingrédients assez courte.
Prévoyez d'autres bières pour le service.

CÔTES LEVÉES À LA BIÈRE

Préparation → 15 min
Cuisson → 2 h
Temps de macération → 2 h
Portions → 4 à 8

→
Ingrédients

8 lb	côtes levées de dos de porc	4 kg

→
Sauce

1 t	sauce chili	250 ml
3/4 t	cassonade	180 ml
1 t	bière blonde ou blanche	250 ml
6	gousses d'ail hachées	6
4 c. à thé	moutarde de Dijon	20 ml
4 c. à thé	sauce Worcestershire	20 ml
2 c. à thé	gingembre moulu	10 ml
1 c. à thé	poivre de Cayenne	5 ml
1 c. à thé	sel	5 ml

→
Préparation

1 Couper la viande entre les côtes de façon à obtenir des morceaux de 3 os.

2 Dans une grande casserole, couvrir les côtes levées d'eau légèrement salée. Porter à ébullition et écumer. Réduire à feu doux, couvrir et laisser mijoter 45 minutes. Égoutter et réserver.

3 Pendant que les côtes levées cuisent, combiner tous les ingrédients de la sauce dans une casserole et porter à ébullition à feu moyen, en remuant. Laisser mijoter de 7 à 8 minutes.

4 Dans un grand plat, déposer les côtes levées, les badigeonner de la sauce et les faire macérer 2 heures au réfrigérateur (si possible, mais ce n'est pas vital !).

5 Préchauffer le four à 375 °F (190 °C), avec la grille au centre.

6 Tapisser 2 plaques de cuisson de papier d'aluminium. Étaler les côtes sur les plaques, couvrir de papier d'aluminium et cuire au four 40 minutes. Retirer le papier d'aluminium, poursuivre la cuisson 30 minutes et le tour est joué… mmmmmiam !

PETER MILLER

On l'a découvert

Au Québec, il s'est fait remarquer dans l'une des nombreuses moutures de *Lance et compte*, en plus de jouer dans *Mambo Italiano*.

On le retrouve

Il incarne le sergent Stéphane Lessieur, le policier à la tête dure du téléroman *Virginie*.

Des débuts dans la Grosse Pomme…

Né à Chibougamau, il a fait sa formation en théâtre à New York. Son premier rôle était celui d'un barman dans la série américaine *Law and Order*.

ANNIE
DUFRESNE

On l'a découverte

Dans l'*Arche de Zoé* de Jean Barbeau, il y a 16 ans déjà.

On la retrouve

Elle se considère comme chanceuse de jouer les textes de Fabienne Larouche dans la quotidienne *Virginie*.

Le rôle de la musique dans sa vie?

Celle qui avait son propre band de garage à 14 ans demeure une chanteuse populaire avec plusieurs albums à son actif.

CÔTES LEVÉES MAESTRO

Préparation → 10 min
Cuisson → 1 h 45
Temps de marinade → 2 h
Portions → 2

→
Ingrédients

2 lb	côtes levées	1 kg

→
Marinade

1/2 t	sauce chili	125 ml
1/3 t	vinaigre blanc	80 ml
1/2 t	cassonade	125 ml
2	gousses d'ail écrasées	2
2 c. à tab	sauce soja	30 ml
	sel et poivre noir du moulin	
2	pots de purée d'abricots pour bébé (j'utilise la marque Heinz) (128 ml chacun)	2

→
Préparation

1 Faire bouillir les côtes levées environ 45 minutes dans de l'eau, puis les égoutter.

2 Dans un bol, mélanger les ingrédients de la marinade. Y plonger les côtes levées et réfrigérer environ 2 heures.

3 Préchauffer le four à 350 °F (180 °C).

4 Cuire les côtes levées pendant 1 heure jusqu'à ce qu'elles soient bien dorées.

Note. Il est aussi possible de faire griller ces côtes levées sur le barbecue pour un délice d'été.

→ *C'est le plat que mon amoureux m'a concocté à la*
Saint-Valentin. J'adore quand mon homme me fait la cuisine,
c'est le plus beau cadeau que mon « maestro sexuel »
(terme que je préfère à « gastro sexuel » !) peut me faire.
D'où le nom de cette recette…

→ *Cette recette, inspirée par un article du New York Times, fait partie de tous mes barbecues. Elle a agrémenté bien des repas dans la chaleur moite de Washington, sous la pluie londonienne ou à l'abri de la pollution de Pékin.*

RAYMOND SAINT-PIERRE

On l'a découvert

Comme reporter et directeur de l'information à CKAC-Télémédia dans les années 1970.

On le retrouve

Longtemps correspondant à l'étranger pour Radio-Canada, il effectue des reportages internationaux et couvre les points chauds de la planète.

Sa marque de commerce?

Ses lunettes noires! Pour annoncer sa venue à l'antenne du *Montréal ce soir*, la SRC avait même produit une pub montrant uniquement ses lunettes...

SAUCE BBQ
RAYMOND SAINT-PIERRE

Préparation de la sauce → 5 min
Cuisson de la sauce → 15 min

→
Ingrédients
Sauce BBQ*

2 t	ketchup rouge	500 ml
2 c. à tab	miel	30 ml
1/4 t	vinaigre	60 ml
2 c. à tab	moutarde de Dijon	30 ml
2	gousses d'ail émincées	2
1 3/4 oz	beurre	50 g
2	feuilles de laurier	2
2 c. à tab	sauce forte (tabasco ou autre sauce pimentée)	30 ml
2 c. à tab	sauce Worcestershire	30 ml
1 c. à tab	huile végétale	15 ml
1 c. à tab	paprika	15 ml

→
Au choix

ailes de poulet,
travers de porc ou cailles

* Cette sauce de base se conserve très bien au congélateur. On peut donc en faire une bonne quantité à l'avance.

→
Préparation

1 Dans une casserole, mélanger tous les ingrédients de la sauce, porter à ébullition et laisser mijoter 15 minutes à feu doux.

→
Ailes de poulet

• Préchauffer le four à 480 °F (250 °C). Placer les ailes sur une plaque. Les badigeonner d'huile et les assaisonner de paprika. Cuire 45 minutes en les retournant aux 15 minutes. Les enduire de sauce BBQ et les cuire encore 15 minutes (pour brunir, on peut les passer brièvement sous le gril).

• Au barbecue : cuire les ailes 45 minutes, en cuisson indirecte et en les retournant aux 15 minutes, puis les couvrir de sauce 15 à 20 minutes avant la fin.

→
Travers de porc

• Préchauffer le four à 480 °F (250 °C). Enlever la membrane sous les travers. Les assaisonner de paprika et d'un peu de sel. Cuire 1 heure, en les retournant. Les enduire de sauce BBQ et cuire encore 20 minutes (à la fin, on peut les passer sous le gril pour les brunir).

• Au barbecue : griller 1 heure en cuisson indirecte, enduire ensuite de sauce BBQ et cuire encore 20 minutes. Pour gagner du temps quand on cuisine plusieurs travers, il est possible de les cuire au four à l'avance, puis de les enduire de sauce et de terminer la cuisson sur le barbecue.

→
Cailles

• À la sauce BBQ de base, ajouter 1 c. à tab (15 ml) de mélange 5 épices qu'on trouve dans les épiceries asiatiques. Badigeonner d'huile et cuire les cailles sur le barbecue, en cuisson indirecte, pendant une quinzaine de minutes. Les enduire de sauce BBQ et les cuire encore une bonne dizaine de minutes... Mmmmmmm...

JEAN-FRANÇOIS
MERCIER

On l'a découvert

Il a d'abord prêté son physique
à son personnage de déménageur
dans la série *Un gars, une fille*.

On le retrouve

Il incarne Maurice Ladouceur,
le psychoéducateur daltonien
dans *Virginie*.

Le saviez-vous?

Derrière les caméras, il était l'un
des auteurs des célèbres *Bougon*.

Truc de gars

CÔTELETTES DE PORC À LA MERCIER

Préparation → 15 min
Cuisson → 50 min à 2 h
Portions → 4 grosses (c'est tellement bon!)

→
Ingrédients

8	côtelettes de porc désossées	8
6	pommes de terre	6
4	gros oignons	4
2 t	jus de légumes	500 ml
1	boîte de tomates (28 oz/796 ml)	1
	sel et poivre noir du moulin	

→
Préparation

1 Dégraisser les côtelettes de porc. À la mandoline,
couper les pommes de terre et les oignons en
rondelles, puis réserver séparément.

2 Dans un gros chaudron muni d'un couvercle,
déposer une rangée de côtelettes de porc, suivie
d'une rangée d'oignons puis d'une rangée de
pommes de terre. Et on recommence! Une rangée
de côtelettes, une rangée d'oignons et une rangée
de pommes de terre…

3 Arroser le tout du jus de légumes et verser les
tomates sur le dessus. Saler et poivrer au goût
(attention! pas trop de sel, le jus de légumes en
contient déjà beaucoup). À feu vif, porter le liquide
à ébullition, puis réduire à feu doux et couvrir.

4 Laisser cuire au moins 45 minutes mais 2 heures
serait encore mieux. Plus ça cuit longtemps,
meilleur c'est!

→ *Ce plat est bien supérieur à la somme
des éléments qui le composent. Ils me font rire
avec leurs recettes à base de homard
ou de foie gras : c'est sûr que ça va être bon !
Créer un délice avec des aliments
tout simples, c'est autrement surprenant.*

→ *Comment faire grimper «les maniaques de Montignac»
dans les rideaux ? Ma pizza au poulet... De la bière...
Une partie de football américain... Montignac,
on voit ben qu'y est pas heureux, ce gars-là !*

LOUIS MORISSETTE

On l'a découvert

Au sein du groupe Les Mecs comiques, il a écrit et joué dans la série humoristique *3X Rien*.

On le retrouve

En vedette dans l'émission *C.A.*, qu'il interprète et écrit en collaboration avec son complice de longue date, François Avard.

Vive la France!

Les trois premières saisons de *C.A.* seront présentées en France, avec des voix doublées et des textes légèrement adaptés.

Truc de gars

PIZZA AU POULET BBQ

Préparation → 30 min
Cuisson → 10 à 12 min
Temps de repos → 1 h 15
Portions → 4

→
Ingrédients
Pâte à pizza (bon, j'avoue, c'est celle de Ricardo...)

1 t	eau tiède	250 ml
1 c. à tab	huile d'olive	15 ml
1 c. à thé	sucre	5 ml
1 1/2 t	farine tout usage non blanchie	375 ml
1 1/2 t	farine combinée Nutri (Robin Hood)	375 ml
2 c. à thé	levure instantanée	10 ml
1/2 c. à thé	sel	2 ml

→
Garniture

2 c. à tab	huile d'olive	30 ml
1 lb	poulet haché	500 g
3	gousses d'ail hachées	3
1	oignon moyen haché	1
1 c. à tab	poudre de chili	15 ml
2 c. à thé	sauce piquante (de type tabasco)	10 ml
	sel et poivre	
1 c. à tab	sauce Worcestershire	15 ml
1 t	sauce tomate maison ou du commerce	250 ml
3 c. à tab	cassonade	45 ml
	cheddar râpé (de préférence mi-fort ou fort)	
3	oignons verts hachés	3
	un peu de coriandre fraîche (pour ceux qui aiment...)	

→
Préparation
Pâte à pizza

1 Dans un bol, combiner l'eau, l'huile et le sucre, puis réserver. Dans un autre bol, combiner les farines, la levure et le sel. Ajouter le mélange d'eau et travailler jusqu'à l'obtention d'une boule molle.

2 Sur une surface de travail farinée, pétrir la pâte environ 2 minutes jusqu'à ce qu'elle devienne lisse. Former une boule et déposer dans un bol propre légèrement huilé. Couvrir le bol d'un linge légèrement humide et laisser reposer dans un endroit tiède et humide pendant environ 1 h 15 (un four éteint mais dont on allume la lumière fonctionne très bien). Abaisser la pâte immédiatement. Sinon, l'envelopper de pellicule plastique et la réfrigérer 12 heures maximum ou congeler.

→
Pour la garniture

3 Préchauffer le four à 400 °F (200 °C).

4 Dans un grand poêlon, faire chauffer l'huile d'olive et y cuire le poulet en émiettant bien. Lorsque le poulet commence à dorer, ajouter l'ail, l'oignon, la poudre de chili et la sauce piquante. Saler et poivrer. Cuire environ 5 minutes, puis ajouter la sauce Worcestershire, la sauce tomate et la cassonade. Bien mélanger et laisser mijoter 2 ou 3 minutes. Vérifier l'assaisonnement.

5 Répartir la garniture sur la pâte à pizza et couvrir de cheddar. Cuire au four de 10 à 12 minutes.

6 Au moment de servir, parsemer d'oignons verts et de coriandre, si désiré.

→ C'est LA recette qui dépanne! Rapide, facile à faire, nourrissante
et étonnamment délicieuse. Ah! le chou-fleur, ce mal aimé...

Rapido presto

OMELETTE AU CHOU-FLEUR

MACHA LIMONCHIK

On l'a découverte

Janette Bertrand nous l'avait fait découvrir dans deux dramatiques de *L'Amour avec un grand A*.

On la retrouve

Dans la comédie *Tout sur moi*, où elle joue le rôle de... Macha Limonchik.

Une incontournable

de notre théâtre?

Elle a interprété les grands dramaturges et participé notamment à une tournée mondiale avec Robert Lepage.

Préparation → 10 min
Cuisson → 15 min
Portions → 2

→
Ingrédients

1/2	chou-fleur	1/2
	un peu d'huile	
6	œufs	6
	fromage feta émietté	
	sel et poivre noir du moulin	

→
Préparation

1 Couper le chou-fleur en petits morceaux. Dans un poêlon, faire chauffer l'huile et y faire revenir le chou-fleur 10 minutes.

2 Pendant ce temps, dans un bol, fouetter les œufs. Saler et poivrer.

3 Incorporer les œufs au chou-fleur, puis ajouter le fromage feta émietté.

4 Cuire jusqu'à la consistance désirée. Et voilà !

EVELINE GÉLINAS

On l'a découverte

Elle incarnait Rose-Anne Miron dans *L'Or et le Papier*, une coproduction France-Québec.

On la retrouve

Dans le rôle de Charlene, elle allie chant et jeu dans le téléroman *L'Auberge du chien noir*.

Une étoile est née?

Les chansons écrites pour *L'Auberge* ont été si populaires qu'avec ses complices, elle a formé le groupe Les Westerners et lancé un CD de musique country.

Rapido presto

PETIT SANDWICH AU THON SANS PRÉTENTION

Préparation → 5 min
Cuisson → aucune
Portion → 1

→
Ingrédients

1	boîte de thon (170 g)	1
1 c. à tab	mayonnaise	15 ml
	filet d'huile d'olive	
1,5 oz	canneberges séchées hachées grossièrement (un peu moins d'une demi-tasse)	40 g
3,5 oz	pommes pelées et hachées finement	100 g
1	oignon vert haché finement	1
	sel et poivre noir du moulin	
	pain de grains	
	laitue (facultatif)	
	cheddar mi-fort (facultatif)	

→
Préparation

1 Dans un bol, mélanger le thon, la mayonnaise, l'huile d'olive, les canneberges, les pommes et l'oignon vert. Assaisonner au goût.

2 Servir en sandwich sur un bon pain de grains, avec laitue et cheddar si vous en avez sous la main!

→ *Ce délicieux sandwich est très simple, mais tout plein de fraîcheur et de saveur. Une petite variante du traditionnel sandwich au thon qui fait du bien de temps en temps.*

→ *Cette recette me rappelle la fameuse phrase de Charlebois,*
dans la chanson Engagement que j'avais écrite :
« Mon bel épi avec ses lunes… » Quant au beurre, il fait peut-être
mourir plus vite, mais très joyeusement !

MARCEL SABOURIN

On l'a découvert

Pour une génération de Québécois,
il sera toujours le professeur
Mandibule de l'émission jeunesse
La Ribouldingue.

On le retrouve

Dans le rôle de Vieux Félix, un
itinérant avec le cœur sur la main et
l'un des personnages de *Belle-Baie*.

Rien là, vous dites?

Pour l'École nationale de théâtre,
il donne depuis 10 ans des
« Cours de rien pantoute » aux
étudiants de première année.

LE BLÉ D'INDE

→

Pour rehausser votre blé d'Inde,
nous avons demandé à un chef de vous
suggérer aussi quelques beurres aromatisés
qui feront le bonheur de la tablée.

→

Ingrédients

	blés d'Inde en épis cuits (évidemment, bien choisir son maïs chez un «blé d'Indier»)	
	beurre nature ou beurre aromatisé	

→

Beurre à la ciboulette

1/2 t	beurre ramolli	125 ml
2	gousses d'ail hachées finement	2
2 c. à tab	persil plat frais, haché finement	30 ml
1 c. à tab	herbes salées du Bas-du-Fleuve	15 ml
2 c. à tab	ciboulette fraîche, ciselée finement	30 ml

→

Beurre d'agrumes au basilic

1/2 t	beurre ramolli	125 ml
	zeste de 1 citron râpé	
2 c. à thé	sel	10 ml
2 c. à tab	pesto maison ou du commerce	30 ml

→

Beurre mexicain

1/2 t	beurre ramolli	125 ml
	zeste râpé de 1 lime	
2 c. à thé	sel	10 ml
2	gousses d'ail hachées finement	2
1 c. à tab	paprika	15 ml
1 c. à thé	poivre de Cayenne	5 ml

→

Préparation

1 Choisir votre beurre aromatisé.
Dans un bol, ramollir complètement le beurre
à l'aide d'une fourchette, incorporer le reste
des ingrédients et bien mélanger.

2 Servir le maïs bien chaud, accompagné
de beurre.

→

Variante SVP !

Le beurre aromatisé est génial sur des maïs grillés
sur le barbecue. On préchauffe la grille
du barbecue à feu moyen. On épluche et
badigeonne généreusement les épis du beurre
choisi, puis on les fait cuire environ 10 minutes
directement sur la grille du barbecue. N'oubliez
pas de badigeonner de beurre régulièrement
et de retourner plusieurs fois pendant la cuisson.
Après ? On déguste.

→ *Si un jour, sur une plage du Mexique, un vendeur ambulant a cherché à gagner votre sympathie avec un « steak-blé d'Inde-patates » bien senti, c'est la faute à Claude Meunier !*

LA PETITE VIE

Satire de notre société, cette émission de Claude Meunier a dominé les ondes pendant les années 1990.

Nous y suivons les péripéties souvent absurdes de Ti-Mé (Claude Meunier), Môman (Serge Thériault) et leur tribu : Thérèse la psychotique, Réjean le coureur de jupons, Rénald le banquier avare, Lison la bourgeoise en devenir…

Nous célébrons ici une série-phare qui a su faire rire des millions de Québécois !

Nostalgie

PÂTÉ CHINOIS
DE THÉRÈSE

Préparation → 30 min
Cuisson → 1 h
Portions → 6 à 8 (2 pâtés chinois)

→
Ingrédients

12	pommes de terre rondes moyennes, pelées et coupées en morceaux	12
1 t	lait	250 ml
8	oignons verts hachés finement	8
6 c. à tab	beurre	90 ml
1 c. à tab	huile végétale	15 ml
2 lb	bœuf haché	1 kg
2	boîtes de maïs en crème (14 oz/398 ml chacune)	2
	sel et poivre	

→
Préparation

1 Préchauffer le four à 350 °F (180 °C).

2 Dans une casserole, cuire les pommes de terre dans de l'eau bouillante salée, jusqu'à tendreté. Égoutter.

3 Entre-temps, chauffer le lait dans une petite casserole et y ajouter les échalotes vertes. Laisser mijoter 5 minutes.

4 Réduire les pommes de terre en purée avec 5 c. à tab (75 ml) de beurre, le lait et les oignons verts. Saler et poivrer. Ajouter un peu de lait au besoin et réserver.

5 Dans un poêlon, chauffer l'huile et 1 c. à tab (15 ml) de beurre. Y ajouter le bœuf haché, saler et poivrer. Faire sauter en émiettant la viande jusqu'à ce qu'elle soit colorée.

6 Étendre le bœuf haché dans 2 moules à pain en verre de 9 po x 5 po (23 cm x 13 cm). Recouvrir d'une couche de maïs en crème, puis de purée de pommes de terre.

7 Cuire au four environ 20 minutes.

→
Variante « La grande vie »

Transformez votre steak-blé d'Inde-patates en faisant sauter 2 t (500 ml) de champignons tranchés en même temps que le bœuf haché. Dès que le bœuf haché est cuit, ajoutez 1/2 t (125 ml) de crème de champignons en conserve, non diluée, et faites mijoter quelques minutes. Au moment de réduire vos pommes de terre en purée, ajoutez-y 7 oz (200 g) de fromage Oka râpé sans la croûte.

LA SOURIS D'AGNEAU

VERSION 1
Légumes au choix, romarin et sel de mer : voici la version «plaisir solitaire»

Préparation → 10 min
Cuisson → 3 h
Portion → 1*

→
Ingrédients

1	jarret arrière d'agneau (aussi appelé souris)	1
	légumes au choix : pommes de terre, carottes, navet, choux de Bruxelles, haricots, céleri ou céleri-rave**	
	huile d'olive	
	romarin frais ou séché	
	sel de mer aux herbes aromatiques	
1	noix de beurre	1
	eau	

* Les quantités valent pour une personne. Ajuster selon le nombre d'invités.

** Plus il y a de légumes, plus il y a de goûts qui se mêlent.

→
Préparation

1 Préchauffer le four à 350 °F (180 °C).

2 Déposer le jarret dans une cocotte, préférablement en fonte pour ses qualités de cuisson.

3 Au besoin, peler les légumes choisis, en prenant soin de les laisser entiers. Les disposer autour du jarret et arroser le tout (pas trop !) d'une bonne huile d'olive et de romarin.

4 Saupoudrer d'un peu de sel de mer, puis ajouter le beurre et un peu d'eau.

5 Réduire la température du four à 300 °F (150 °C) au moment d'y mettre votre cocotte, à couvert. Procéder à la cuisson comme suit : la première heure à 300 °F (150 °C), la deuxième heure à 275 °F (135 °C) et la troisième heure à 250 °F (120 °C). Arroser avec le jus de cuisson toutes les demi-heures.

CLAUDE RAJOTTE

On l'a découvert

À la radio d'abord, puis à Musique Plus où il s'était fait le plus mordant des VJ de 1987 à 2004.

On le retrouve

Tous les samedis et dimanches de 23 h à 1 h, il présente l'émission *Nouvelles tendances musicales* d'Espace Musique.

Destroy, Claude Rajotte ?

Durant son émission *Le Cimetière des CD* à Musique Plus, on a pu le voir incendier des CD, les anéantir avec une scie à chaîne et même rouler dessus avec son véhicule.

→ *Cette viande savoureuse se défait à la fourchette,*
  les légumes fondent dans la bouche... Ce plat peut être réussi
  par n'importe qui, garanti !

→ *Dans un monde idéal, préparez votre osso buco dans l'après-midi, laissez-le reposer, puis réchauffez-le en soirée au moment de servir. Nappez-le toujours généreusement de sauce : c'est pourquoi je vous fais ajouter toute une bouteille de vin !*

PIERRE CRAIG

On l'a découvert

Comme journaliste à Québec, à l'émission radio *Présent-Québec* en 1976.

On le retrouve

À l'émission d'affaires publiques *La Facture*, qu'il anime depuis 6 ans.

Son coin de pays ?

Bien qu'il ait travaillé plus de 10 ans à la télé et à la radio de Québec, c'est un Montréalais dans l'âme.

Match des étoiles

OSSO BUCO DE MA MÈRE

VERSION 2
Vin, huile d'olive
et gremolata : voici la
version classique

Préparation → 20 min
Cuisson → 3 h
Portions → 6

→
Ingrédients

	farine	
6	belles tranches de jarret de veau de 1 1/4 po à 1 1/2 po (3 à 4 cm) d'épaisseur (vous pouvez en utiliser huit si vous voulez des surplus)	6
	huile d'olive	
3	grosses carottes	3
3	gros oignons	3
1	bouteille de vin blanc	1
2 c. à tab	pâte de tomates	30 ml
	sel et poivre noir du moulin	

→
Gremolata

persil italien	
ail	
zeste râpé de 1 citron	

→
Préparation

1 Préchauffer le four à 250-275 °F (120-135 °C).

2 Utiliser un grand plat à mitonner (je me sers d'un grand Creuset). Enfariner les tranches de veau, puis les poivrer. Faire dorer dans l'huile d'olive et réserver.

3 Hacher finement les carottes et les oignons. Faire suer les légumes dans le même plat, en ajoutant un peu d'huile si nécessaire.

4 Disposer les tranches de veau sur les légumes en les enfonçant légèrement. Ajouter le vin, auquel vous aurez mélangé la pâte de tomates (meilleur est le vin, meilleure sera la sauce !). Ajouter la quantité de vin que vous voulez. Personnellement, je mets toute la bouteille, vous verrez plus tard pourquoi. Je ne sale ce plat qu'à la fin de la cuisson et, mieux encore, laisser à vos convives cette liberté.

5 Couvrir et cuire au four de 2 à 3 heures. J'ai utilisé récemment la cuisson à convection et j'ai beaucoup aimé. Mais il faut faire gaffe de ne pas brûler la viande. Donc... surveillez votre affaire.

6 Pendant ce temps, préparer la gremolata : hacher finement le persil et l'ail, puis ajouter le zeste de citron (varier les quantités de chaque ingrédient selon vos goûts).

7 Servir votre osso buco accompagné de pâtes fraîches (des fettucines, par exemple) et de plusieurs oignons et carottes. Napper de sauce (c'est pour cela que j'utilise toute la bouteille). Saupoudrer chaque osso buco de gremolata.

→
Rôle de soutien

Une bonne salade a la légèreté requise pour accompagner ce plat.

MICHEL KEABLE

On l'a découvert

À la présentation des concerts diffusés sur les ondes de Radio-Canada.

On le retrouve

Il anime les *Soirées classiques* du lundi au vendredi de 20 h à 22 h sur Espace Musique.

L'un de ses plus grands plaisirs?

La narration documentaire à laquelle il prête souvent sa voix.

VERSION 3

Pancetta, moutarde de Dijon et herbes de Provence : voici la version méditerranéenne

Match des étoiles

JARRETS D'AGNEAU DE L'AMI JEAN-MARC

Préparation → 5 min
Cuisson → 3 h
Temps de marinade → 24 h
Portions → 8 à 10

→
Ingrédients

1 c. à thé	thym séché	5 ml
1 c. à thé	origan séché	5 ml
1 c. à thé	herbes de Provence	5 ml
1 c. à tab	ciboulette séchée	15 ml
1 c. à tab	sel marin aux herbes	15 ml
1 c. à tab	herbes salées du Bas-du-Fleuve	15 ml
1	pincée de poivre noir du moulin	1
3	échalotes françaises hachées	3
3	gousses d'ail hachées (enlever le germe si désiré)	3
3/4 t	moutarde de Dijon	180 ml
3 t	huile d'olive	750 ml
8 à 10	jarrets d'agneau de Nouvelle-Zélande (décongeler au moins 24 heures au réfrigérateur)	8 à 10
1/2 lb	pancetta forte, tranchée	250 g

→
Préparation

1 Dans un bol, mélanger toutes les herbes avec les échalotes, l'ail, la moutarde de Dijon et 1 t (250 ml) d'huile d'olive.

2 Bien badigeonner les jarrets de cette marinade et laisser reposer 24 heures au réfrigérateur. Environ 2 heures avant la cuisson, sortir les jarrets du réfrigérateur et les conserver à température ambiante.

3 Préchauffer le four à 325 °F (160 °C).

4 Déposer les jarrets et la pancetta dans une grande casserole munie d'un couvercle, y verser le reste de l'huile, couvrir et mettre au four pendant 3 heures. Après 2 1/2 heures de cuisson, découvrir et faire griller plus ou moins 30 minutes.

Note. On peut remplacer les jarrets par des souris (jarrets arrière) à raison d'une souris par personne.

→ *Nous étions plusieurs convives réunis, un jour, à l'invitation
de mon ami Jean-Marc. L'unanimité s'est faite rapidement
autour de ce jarret savoureux, fondant comme de la viande
confite. Ce type de cuisson rehausse vraiment les vertus
et le goût de l'agneau.*

DIRECT AUX DESSERTS

Desserts et autres délices

Les vedettes à la « dent sucrée » sortent du placard et se révèlent au grand jour,
pour notre plus grand plaisir. Des desserts décadents, des spécialités brunch,
des boissons rafraîchissantes et des barres énergisantes : parions
que plusieurs voudront sauter directement aux petites gâteries que voici.

→ *Comme tant d'enfants québécois, peut-être avez-vous un jour supplié vos parents de vous acheter l'une de ces patates en chocolat que Paillasson pourléchait avec gourmandise ? Les voici enfin…*

PAILLASSON
LA RIBOULDINGUE

Inspirée de la *commedia dell'arte*, *La Ribouldingue* a marqué l'imaginaire québécois avec son humour gestuel et ses jeux de mots singuliers.

Cette série jeunesse mettait en vedette Paillasson, un clown au grand cœur et au gros bedon, interprété par un Jean-Louis Millette déchaîné.

La Ribouldingue, c'est aussi monsieur Bedondaine, Prunelle, Friponneau et Dame Plume, tous de grands personnages de notre télé.

Nostalgie

PATATE EN CHOCOLAT

Préparation → 30 min
Cuisson → 5 min
Temps de refroidissement → 24 h
Portion → 1 grosse patate
(selon le moule choisi)

→
Ingrédients

2/3 t	chocolat de couverture de bonne qualité, haché*	160 ml
1 oz	croustilles nature salées	30 g

→
Équipement spécial

1	moule pour le chocolat**	1

* Chocolat noir ou chocolat au lait, c'est à votre goût. Choisissez de préférence un chocolat de qualité et non des pépites ou du chocolat à cuisson vendu en épicerie. Chocolaterie Heyez utilise la marque Callebaut.

** Leur moule de patate en chocolat n'est pas disponible en magasin, mais vous pouvez utiliser n'importe quel moule ovale ou autre. Laissez aller votre imagination.

→
Préparation

1 Dans la partie supérieure d'un bain-marie, déposer le chocolat. (Attention, l'eau dans le bas du bain-marie ne doit pas entrer en contact avec la partie supérieure.) En mélangeant, faire fondre le chocolat. Vous voulez qu'il reste quelques petits morceaux non fondus à la fin.

2 Retirer le chocolat du feu et, à l'aide d'une spatule, mélanger bien jusqu'à ce que tous les petits morceaux de chocolat soient fondus et que le mélange commence à épaissir légèrement.***

3 Verser le chocolat chaud dans chaque demi-moule en tournant de façon à recouvrir le fond d'une couche de chocolat uniforme. Reverser l'excédent de chocolat dans le bain-marie, couvrir et réserver au chaud.

4 Insérer un bâton dans l'un des demi-moules et laisser reposer à température ambiante jusqu'à ce que le chocolat fige, environ 5 minutes. À l'aide d'un couteau, gratter les bords des demi-moules afin de retirer les bavures de chocolat.

5 Répéter les opérations à l'étape 2. Déposer les demi-coquilles au réfrigérateur jusqu'à ce que le chocolat fige à nouveau, de 10 à 15 minutes environ (pas plus, sinon la condensation va créer un film blanc entre le moule et le chocolat). Gratter à nouveau les bords des demi-moules.

6 Démouler délicatement. Remplir une demi-coquille à ras bord de croustilles salées.

7 Badigeonner de chocolat chaud la circonférence de chaque demi-coquille et bien coller ensemble pour sceller. Et voilà ! Une patate en chocolat sucrée-salée qui fera le bonheur des petits et grands !

*** Un chocolatier professionnel vous dirait que le chocolat est tempéré et prêt au moulage lorsque sa température est légèrement plus froide que celle de vos lèvres. Sinon, il pourrait briser au démoulage ou prendre une teinte grisâtre.

Un grand merci à Françoise Espie-Bourseau et la Chocolaterie Belge Heyez, Père & Fils (16, rue Rabastalière Est à Saint-Bruno de Montarville), qui nous ont gracieusement permis de vous présenter une suggestion de présentation pour notre patate en chocolat.

→ *J'ai trouvé cette recette en feuilletant une revue dans un aéroport. Elle fait le bonheur des petits et des grands. Et quel plaisir de pouvoir manger la coupe ! Succès garanti.*

FRANÇOISE DAVOINE

On l'a découverte

Voilà plus de 20 ans, comme animatrice radio à la SRC. Depuis, elle a animé des centaines de retransmissions de concerts et interviewé des musiciens du monde entier.

On la retrouve

Sur Espace Classique, une webradio de sa conception consacrée à la musique classique.

Son plus grand plaisir ?

Amener les musiciens à se raconter avec simplicité, chaleur et passion.

COUPES PHYLLO À LA CRÈME DE LIME

Préparation → 20 min
Cuisson → 15 min
Temps de réfrigération → quelques heures
Portions → 12

→
Ingrédients

4	feuilles de pâte phyllo	4
	un peu de beurre fondu	
	un peu de sucre	
1/4 t	crème 35 %	60 ml
	quelques zestes de lime en fines languettes	
	quelques framboises	
	coulis de framboise (facultatif)	

→
Crème de lime

1/2 t	sucre	125 ml
3	œufs battus	3
2 c. à thé	zeste râpé de lime	10 ml
1/4 t	jus de lime	60 ml
2 c. à thé	beurre	10 ml

→
Préparation

1 Commencer par préparer la crème de lime. Dans la partie supérieure d'un bain-marie, mélanger le sucre, les œufs, le zeste râpé et le jus de lime. Faire cuire quelques minutes jusqu'à ce que le tout soit bien épaissi. Retirer du feu et incorporer le beurre. Couvrir de papier sulfurisé, laisser refroidir à température ambiante, puis réfrigérer quelques heures.

2 Préchauffer le four à 350 °F (180 °C).

3 Superposer deux feuilles de pâte phyllo, les badigeonner de beurre fondu et les saupoudrer de sucre. Couper les feuilles en deux dans le sens de la longueur, puis en trois dans le sens de la largeur afin d'obtenir 6 carrés. Répéter l'opération de façon à obtenir 12 carrés de pâtes. (On peut doubler le nombre de feuilles pour confectionner des coupes plus résistantes.)

4 Déposer les carrés de pâtes dans des moules à muffin, en laissant dépasser les pointes. Faire dorer au four quelques minutes. Attention, ça va très vite! Laisser refroidir.

5 Au moment de servir, fouetter la crème 35 % et y mélanger la crème de lime. Remplir les coupes du mélange, puis garnir de zestes de lime et de framboises.

6 Si désiré, décorer les assiettes à dessert avec du coulis de framboise.

MATZO BREI

Préparation → 5 min
Cuisson → 6 à 8 min
Portion → 1

→
Ingrédients

1 à 1 1/2	morceau de matzo par personne*	1 à 1 1/2
2 à 3 t	eau bouillante	500 à 750 ml
1	œuf battu par morceau de matzo	1
1	pincée de sel	1
	huile d'arachide ou autre huile légère	
	sirop d'érable	

* Choisir des matzos réguliers, pas au blé entier ni aux œufs. Vous les trouverez dans les grandes épiceries.

→
Préparation

1 Casser les matzos en morceaux d'environ 2 po (5 cm) et les déposer dans un bol assez grand.

2 Verser l'eau bouillante sur les matzos afin de les mouiller. Drainer l'eau immédiatement pour éviter que les matzos ne deviennent trop mous. (On les mouille pour que les œufs puissent être absorbés. Vous les voulez un peu mous, mais pas trop !)

3 Ajouter l'œuf et le sel. Mélanger doucement avec une spatule en bois, pour que tous les morceaux de matzo soient enrobés d'œuf. Essayer de ne pas trop casser les morceaux de matzo.

4 Dans un poêlon de 10 po à 12 po (25 cm à 30 cm), chauffer l'huile d'arachide à feu moyen. Y faire frire le mélange d'œuf et de matzos, en tournant avec une spatule en bois. Cuire de 6 à 8 minutes ou jusqu'à ce que les matzos soient légèrement dorés.

5 Dresser dans une assiette et napper de sirop d'érable.

CHRISTIANE CHARETTE

On l'a découverte

À l'émission *Christiane Charette en direct* qu'elle a produite et animée pendant neuf ans à Radio-Canada.

On la retrouve

Derrière le micro, à la Première Chaîne de Radio-Canada, où elle anime tous les matins de la semaine un talk-show très couru.

Sa scène préférée au cinéma ?

La scène très retenue mais intense dans laquelle Donald Sutherland, qui interprète un prêtre, embrasse Geneviève Bujold dans une église dans le film *Act of the Heart*.

→ *Le matzo brei est un plat de Pessah, la pâque juive.*
  Il est originaire d'Europe de l'Est. Ici, le sirop d'érable remplace
  le sucre, ce qui rend cette recette vraiment irrésistible !
  C'est mon amoureux qui me l'a fait découvrir.

→ *Au risque de sonner chauvin comme un Saguenéen,*
  de toutes les tartes aux raisins, il s'agit incontestablement
  de la meilleure du monde ! Merci à ma grand-mère
  Marie-Blanche, ainsi qu'à ma mère, Pierrette, qui a su
  l'adapter aux temps modernes.

Bec sucré

TARTE AUX RAISINS HP
(Haute Puissance!)

Préparation → 1 h
Cuisson → 40 min
Portions → 6 à 8

→
Ingrédients

2 t ou plus	raisins secs (idéalement bio, c'est toujours meilleur)	500 ml ou plus
2 t	eau	500 ml
1/2 t	cassonade ou sirop d'érable*	125 ml
1/4 lb	beurre	125 g
1 c. à thé	extrait de vanille	5 ml
	fécule de maïs	
	eau	
	pâte à tarte pour 2 abaisses (maison ou Robin Hood)	

* Sucrer au goût sans oublier que le sirop d'érable donnera une préparation plus liquide.

→
Préparation

1 Dans une brave casserole, mélanger les raisins secs et l'eau, puis porter doucement à ébullition. Ajouter les molécules sucrées de votre choix et le beurre. Une fois ce dernier chaleureusement fusionné, ajouter la vanille et laisser cuire à feu doux 10 minutes.

2 Épaissir à l'aide de la fécule de maïs diluée. (Il s'agit ici de faire un petit mélange parallèle composé de quelques cuillerées de fécule et d'eau bien froide, tirée d'une crique ou d'un vulgaire robinet.) Ajouter la fécule diluée à vos raisins par petites doses et en remuant avec bonheur jusqu'à l'obtention d'une consistance satisfaisante. Laisser mijoter encore quelques minutes (au *feeling*, disons) et retirer du feu. Refroidir légèrement.

3 Préchauffer le four à 350 °F (180 °C).

4 Rouler la pâte à tarte en 2 abaisses. Disposer la première abaisse au fond d'une grande assiette à tarte et y verser le mélange de raisins.

5 Recouvrir de la deuxième abaisse et mettre au four jusqu'aux limites de la cuisson parfaite (la couleur dorée de votre pâte est une bonne indication).

GARY BOUDREAU

On l'a découvert
Au cinéma, dans le film *Matroni et moi* qui lui a valu une nomination aux prix Jutra.

On le retrouve
Avec Eveline Gélinas, il forme un couple de chanteurs western dans l'émission *L'Auberge du chien noir*.

Chante-moi ta chanson...
Comme tout chanteur country qui se respecte, il joue de plusieurs instruments, dont la guitare, les percussions, l'harmonica et l'accordéon.

→ *Comme son titre l'indique, cette recette me provient de mon arrière-grand-mère. J'ai reçu en héritage le recueil des recettes de ma famille, dans lequel figurait ce délicieux gâteau.*

ANNE DORVAL

On l'a découverte

Pour toute une génération, elle est la Lola de *Chambres en ville*.

On la retrouve

Elle incarne Nathalie, la mère de famille aux prises avec quatre mâles (trois fils et un mari) dans l'émission *Les Parent*.

Le rôle d'une vie?

Elle a triomphé à Cannes grâce au rôle de la mère (bien vivante!) dans *J'ai tué ma mère*, le premier film de Xavier Dolan.

Bec sucré

GÂTEAU DE MON ARRIÈRE-GRAND-MÈRE

Préparation → 15 min
Cuisson → 30 min
Portions → 6

→

Ingrédients

2	gros œufs	2
2/3 t	crème sure (environ)	160 ml
1/2 à 3/4 t	sucre	125 à 180 ml
	quelques gouttes d'extrait de vanille OU	
1	gousse de vanille	1
1 1/3 t	farine	310 ml
1 c. à thé	poudre à pâte	5 ml
1/2 c. à thé	bicarbonate de soude	2 ml
1	pincée de sel	1

→

Accro au choco ?

Pour un gâteau au chocolat, remplacer 1/4 t (60 ml) de farine par la même quantité de cacao. On peut aussi utiliser cette pâte pour faire un gâteau renversé.

→

Variante SVP !
Petits gâteaux renversés
6 portions

1/4 t	beurre	60 ml
	farine	
1/4 t	cassonade ou sucre d'érable	60 ml
	épices au choix : cardamome, anis, cannelle, muscade, gingembre, vanille	
	fruits au choix : bananes, ananas, pêches, figues	
1	recette de gâteau de mon arrière-grand-mère	1

→

Préparation
Gâteau de mon arrière-grand-mère

1 Préchauffer le four à 350 °F (180 °C). Beurrer et fariner un moule à pain ou un moule à quatre-quarts de 9 po x 5 po (23 cm x 13 cm).

2 Dans une tasse à mesurer d'une capacité de 4 t ou 8 t (1 l ou 2 l), casser les œufs et ajouter suffisamment de crème sure pour obtenir une tasse d'ingrédients liquides.

3 Ajouter le sucre et battre au fouet jusqu'à dissolution du sucre. Ajouter l'extrait de vanille ou, encore mieux ! les grains d'une gousse de vanille.

4 Dans un bol, tamiser la farine, la poudre à pâte, le bicarbonate de soude et le sel.

5 Incorporer les ingrédients secs aux ingrédients liquides.

6 Verser la préparation dans le moule et cuire au four de 25 à 30 minutes. Laisser tiédir sur une grille, puis démouler.

7 Servir accompagné de petits fruits et garnir de crème chantilly, de crème fraîche, d'un coulis de fraises ou de framboises, ou encore d'une glace à la vanille.

→

Préparation
Petits gâteaux renversés

1 Préchauffer le four à 350 °F (180 °C). Beurrer et fariner 6 ramequins d'une capacité de 3/4 t (180 ml).

2 Déposer des noisettes de beurre dans les ramequins, puis parsemer de cassonade.

3 Ajouter une des épices suggérées et y déposer une couche du ou des fruit(s) choisi(s) dont l'épaisseur variera selon que vous aimiez plus ou moins les fruits.

4 Répartir la préparation de gâteau sur les fruits et cuire au four de 20 à 25 minutes. Laisser tiédir sur une grille, puis démouler.

5 Servir avec de la crème chantilly, de la crème fraîche ou une glace à la vanille.

ANNE-MARIE DUSSAULT

On l'a découverte

Journaliste depuis 30 ans, elle s'est fait connaître à l'animation du magazine d'enquête *Contrechamp*.

On la retrouve

À la barre du *Téléjournal midi* sur les ondes de Radio-Canada et de l'émission *24 heures en 60 minutes* à RDI.

Prédestinée aux affaires publiques?

Avocate de formation, elle aime les débats qui donnent la parole aux citoyens.

Bec sucré

DOUCEUR AU CHOCOLAT

Préparation → 30 min
Cuisson → 5 min
Portions → 6 à 8

→
Ingrédients

3/4 t	crème 10 %	180 ml
5 à 6 oz	chocolat mi-sucré	150 à 180 g
3 c. à tab	café espresso ou café très fort, préparé et chaud	45 ml
3	œufs	3
2 c. à tab	alcool au choix (rhum, cognac, Grand Marnier, liqueur de café ou d'orange, etc.)	30 ml

→
Préparation

1 Dans une casserole, faire chauffer la crème jusqu'à ébullition. Couvrir pour garder au chaud.

2 Dans le bol du mélangeur électrique ou du robot culinaire, hacher le chocolat. Pendant que l'appareil est en marche, ajouter le café chaud, les œufs et l'alcool.

3 Incorporer la crème bouillante en filet. La préparation est prête quand le chocolat est fondu.

4 Verser le tout dans des tasses à espresso, des petits verres ou des bols à thé. Laisser refroidir 30 minutes.

5 Au service, garnir d'un soupçon de crème fouettée ou de poudre de chocolat, si désiré.

→ *J'ai eu un coup de cœur pour ce dessert simple
qui finit bien un repas copieux. Savoureuse, cette recette
de Josée di Stasio plaît à tout coup.*

Ghislain Gagnon, un accessoiriste que j'ai connu au théâtre, nous gâtait tous les samedis avec un nouveau dessert. Je l'ai supplié de me donner cette recette qui me rappelle les millefeuilles de mon enfance.

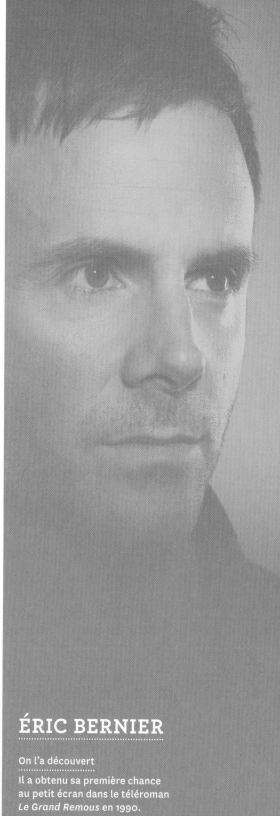

ÉRIC BERNIER

On l'a découvert

Il a obtenu sa première chance au petit écran dans le téléroman *Le Grand Remous* en 1990.

On le retrouve

Dans deux séries simultanément, soit *Tout sur moi* (où il joue son «propre» rôle) et *Les Hauts et les bas de Sophie Paquin*.

Un artiste multidisciplinaire...

Plus connu aujourd'hui comme comédien, il est aussi danseur et musicien à ses heures.

Bec sucré

LITHUANIAN NAPOLEON TORTE

Préparation → 45 min
Cuisson → 25 min
Temps de réfrigération → 1 nuit + 5 à 6 h
Portions → 6 ou 12, selon la grosseur
des pointes

→
Ingrédients
Le feuilleté

1 lb	beurre ramolli	500 g
4 t	farine	1 l
2 t	crème sure	500 ml

→
La crème pâtissière

1 1/2 t	sucre	375 ml
10 c. à tab	farine	150 ml
1/2 c. à thé	sel	2 ml
4 t	lait chaud	1 l
8	jaunes d'œufs battus	8
2 c. à thé	extrait de vanille	10 ml
6 oz	chocolat mi-sucré	180 g
1 t	fraises ou framboises hachées	250 ml

→
Préparation
Le feuilleté

1 Couper grossièrement le beurre dans la farine
et mélanger avec la crème sure. Façonner en 10 boules
de pâte. Couvrir de papier ciré et réfrigérer toute la nuit.

2 Sortir la pâte 15 minutes avant de l'abaisser,
pour la porter à température ambiante. Rouler en
disques sur une surface légèrement farinée.

3 Préchauffer le four à 350 °F (180 °C).

4 Cuire les disques de pâte jusqu'à l'obtention d'un beau
doré et d'une texture croustillante. Laisser refroidir.

→
La crème pâtissière

5 Dans la partie supérieure d'un bain-marie, combiner
le sucre, la farine et le sel. Cuire en ajoutant doucement
le lait chaud et en mélangeant constamment. Une fois
le mélange épaissi, en verser une petite quantité dans
les jaunes d'œufs battus, puis verser les œufs dans le
bain-marie. Ajouter l'extrait de vanille. Cuire encore
2 minutes en mélangeant constamment.

6 Verser la moitié de la crème pâtissière dans un bol
et réserver.

7 Ajouter le chocolat à la crème pâtissière dans
le bain-marie et le faire fondre. Ajouter les fraises
ou les framboises à la crème pâtissière dans le bol
et mélanger. Laisser refroidir les deux préparations.

→
Pour assembler

8 Réserver le disque de pâte le plus croustillant. Empiler
les autres disques de pâte les uns par-dessus les autres,
en tartinant chacun d'eux en alternance avec l'une ou
l'autre des deux saveurs de crème pâtissière. (Réserver
une quantité de crème pâtissière pour le glaçage.)

9 Glacer le tour et le dessus du Napoléon de la crème
pâtissière réservée. Émietter le disque de pâte réservé
et répandre en flocons sur les côtés et le dessus du
Napoléon. Réfrigérer quelques heures avant de servir.

Inspiré du *The Harrowsmith Cookbook*, Camden House Publishing Ltd., 1982.

→ *Les livres de recettes sont beaucoup trop politiquement correts à mon goût. On y présente de petits plats santé, avec de bons ingrédients frais du marché, photos zen à l'appui. Cela m'ennuie souverainement. C'est pourquoi je vous propose ici quelque chose de plus risqué et inutile...*

JEAN-RENÉ DUFORT

On l'a découvert

Il a véritablement lancé sa carrière comme reporter à l'émission *La fin du monde est à 7 heures.*

On le retrouve

Cet ancien porte-parole des Sceptiques du Québec partage ses interrogations avec nous à l'émission *Infoman.*

Comment se décrit-il?

Comme un être polyvalent, scientifique, communicateur, beau (il a obligé son biographe à écrire ça!) et quelque peu délinquant.

Bec sucré

RECETTE DE GUIMAUVE GÉANTE

→

Chez moi, la cuisine est un endroit où il fait bon risquer de temps en temps l'explosion du poêle. Je suis de ceux qui pensent que la peur de devenir le prochain touriste dans l'espace change de la monotonie quotidienne.

Vous comprendrez qu'ici, le résultat final est plus ou moins important. La cuisine sera un bordel, tout objet dans un rayon de 100 mètres deviendra collant pour deux semaines, mais bon... Le plaisir, c'est d'essayer et de se dire : « Je peux pas croire qu'on perd notre temps à faire ça ! » Portez votre vieux t-shirt de peinture et tout ira bien. Vous deviendrez l'heureux propriétaire d'une guimauve géante et l'idole de vos enfants. Évidemment, si vous n'aimez pas les idées de grandeur, je vous suggère de couper les quantités par 3. Bonne chance à tous.

→
Ingrédients

1	GRANDE chaudière de métal (48 t/12 l) ou un grand chaudron de camping	1
7 oz	gélatine	210 g
9 t	eau très chaude	2,25 l
6 lb	sucre en poudre (c'est presque une poche de béton ça!)	3 kg
	colorant alimentaire (facultatif)	
	essence au goût (la vanille, c'est bon!)	
1	TRÈS grand bol (genre cul-de-poule)	1
	saindoux	
	sucre à glacer, au goût	
	vieux t-shirt de peinture	

→
Préparation

1 C'est aujourd'hui que vous allez apprécier votre chaudière de 48 t... Foutre directement sur le feu, y a pas de trouble. Placer la gélatine dans la chaudière et ajouter 6 t (1,5 l) d'eau très chaude. Brasser en homme le temps que la gélatine se dissolve (2 à 5 minutes environ). Si ça sent la litière de votre vieux chat pas castré, c'est normal.

2 Ajouter le reste de l'eau chaude et, à feu doux, dissoudre le sucre en poudre. C'est un bon signe si le mélange vous rappelle maintenant les eaux usées du Saint-Laurent.

3 Une fois le sucre totalement dissous, amener doucement à ébullition, sans faire déborder si possible...

4 Laisser refroidir une dizaine de minutes.

5 Battre vigoureusement la mixture durant une bonne vingtaine de minutes, jusqu'à ce qu'elle devienne blanche et mousseuse comme de la guimauve. Le bouton du mélangeur à « HIGH », c'est l'idéal. Ajouter l'essence et le colorant si vous désirez rehausser le tout. Un beau vert... mioum.

6 Préparer le grand bol en le tapissant d'une pellicule plastique légèrement graissée (très important, ça colle de la guimauve!) et saupoudrer de sucre à glacer. Verser toute la gomme dans le bol.

7 Laisser pogner en pain pendant 24 à 48 heures puis démouler la guimauve géante. Saupoudrer de sucre à glacer à votre convenance. Diabétiques s'abstenir.

8 Ne vous reste qu'à manger la guimauve géante, l'utiliser comme pouf ou l'employer comme arme de destruction massive. Croyez-moi, avec 6 lb (3 kg) de guimauve, vous aurez besoin d'idées !

→ *Cette recette nous a été transmise par l'ami tchécoslovaque de ma sœur au milieu des années 1970. On l'a donc baptisée le gâteau « chocoladovitch », un classique dans notre famille. Attention, ce dessert à base d'œufs et presque sans farine n'a rien de léger !*

JULIE MIVILLE-DECHÊNE

On l'a découverte

Comme journaliste pour Radio-Canada. Elle a poursuivi sa carrière à Montréal, Toronto, Ottawa et Washington pendant 30 ans.

On la retrouve

Elle est devenue l'ombudsman de la SRC en 2007. Son rôle consiste à évaluer les plaintes du public.

Cuisine-t-elle beaucoup?

Avec deux enfants, pas le choix! Elle a tout connu : les partys de purées maison entre mamans, les échanges de recettes et, bien sûr, les lunchs des enfants (oh! horreur!).

Bec sucré

GÂTEAU CHOCOLADOVITCH

Préparation → 40 min
Cuisson → 1 h 10
Portions → 12 à 18

→
Ingrédients
Gâteau

12	œufs	12
1 1/2 t	sucre	375 ml
1/2 lb	chocolat noir non-sucré fondu	250 g
1/2 t	beurre fondu	125 ml
1/2 lb	noix de Grenoble ou de noisettes, émiettées (facultatif)	250 g
8 c. à tab	farine	120 ml
	gelée de groseille	

→
Glaçage

1/4 lb	chocolat noir sucré	125 g
1	noix de beurre	1
1 c. à tab	eau	15 ml

→
Préparation

1 Préchauffer le four à 375 °F (190 °C). Beurrer et fariner un moule à charnières haut.

2 Pour le gâteau, séparer les jaunes et les blancs d'œufs dans 2 grands bols. Aux jaunes d'œufs, ajouter le sucre puis battre à la mixette ou au mélangeur jusqu'à ce que le mélange blanchisse.

3 Ajouter le chocolat fondu, le beurre, les noix et la farine au mélange de jaunes d'œufs. Réserver.

4 Monter les blancs en neige. À l'aide d'une spatule, les incorporer délicatement au mélange de jaunes d'œufs, en prenant soin de ne pas faire tomber les blancs.

5 Verser la préparation dans le moule et cuire au four de 45 minutes à 1 heure Dans les dernières minutes, piquer de temps en temps, car le temps de cuisson peut varier selon le moule.

6 Une fois cuit, démouler et laisser refroidir le gâteau. Le couper en deux sur la longueur et tartiner la moitié inférieure de gelée de groseille. Recouvrir de la moitié supérieure.

7 Pour le glaçage, faire fondre le chocolat au bain-marie. Ajouter la noix de beurre et l'eau. Faire couler ce glaçage sur le gâteau.

→ *Séraphin aurait probablement poussé les hauts cris de voir sa Donalda ajouter lait et, pis encore, beurre à ses économes galettes de sarrasin à'm'lasse. Mais si la nostalgie a sa place, la gourmandise a aussi la sienne.*

SÉRAPHIN
POUDRIER

Cette adaptation télévisée du roman *Un homme et son péché* de Claude-Henri Grignon fait partie de la grande histoire de notre petit écran.

En ondes de 1956 à 1970, les *Belles Histoires* sont celles du village de Sainte-Adèle et de ses habitants dans leur vie quotidienne au XIXe siècle.

Remarquable exploit, la série tourne autour d'un homme détestable, l'avare Séraphin Poudrier, marié à la «pôvre» Donalda, la plus belle fille du village... et une cuisinière hors pair.

GALETTES DE SARRASIN À LA MÉLASSE

Préparation → 5 min
Cuisson → 20 min
Temps de repos → 15 min
Portions → 10 à 12 galettes

→
Ingrédients

1 t	farine de sarrasin ET	250 ml
1 t	farine tout usage OU	250 ml
2 t	farine de sarrasin	500 ml
1 c. à thé	poudre à pâte	5 ml
1/2 c. à thé	sel	2 ml
2 t	lait	500 ml
1/4 t	beurre fondu	60 ml
	huile végétale pour la cuisson	
	mélasse ou sirop d'érable	

→
Préparation

1 Dans un grand bol, combiner la ou les farines, la poudre à pâte, le sel, le lait et 3 c. à tab (45 ml) de beurre fondu. À l'aide d'un batteur ou d'une cuillère en bois, mélanger 1 minute ou jusqu'à consistance lisse et homogène. Laisser reposer la pâte 15 minutes.

2 Dans un grand poêlon, faire chauffer un peu d'huile et y ajouter le beurre. Verser la pâte de façon à former des galettes du format désiré.

3 Faire cuire à feu moyen jusqu'à ce que des bulles se forment à la surface et que vos galettes soient bien dorées, environ 4 minutes par côté selon la grandeur des galettes.

4 Servir avec de la mélasse façon Séraphin ou avec du sirop d'érable et, pourquoi pas ! une touche de beurre.

→
Variante SVP !

Ces galettes de sarrasin feront de délicieux blinis, hors-d'œuvre typiques de l'Europe de l'Est. Au moment de la cuisson, versez suffisamment de pâte pour obtenir des mini-galettes de 2 po (5 cm) de diamètre. Servez à la température ambiante, garnies de saumon fumé, de crème fraîche et d'un brin d'aneth. Un canapé gourmand à faire tourner Séraphin dans sa tombe !

→ *Un livre de recettes québécois sans sucre à la crème ? Impossible !*
Voici une recette on ne peut plus classique, avec du sucre, de la crème,
du beurre et rien d'autre. Attention de ne pas trop cuire votre sucre,
vous le voulez fondant dans la bouche. Miam..

Bec sucré

SUCRE
À LA CRÈME

Préparation → 10 min
Cuisson → 10 min
Portions → environ 20 carrés

→
Ingrédients

2 t	sucre blanc	500 ml
2 t	cassonade dorée	500 ml
1	berlingot de crème champêtre 35 %	1
2 c. à tab	beurre salé (bien combles, les cuillerées)	30 ml

→
Préparation

1 Mettre tous les ingrédients dans un chaudron à fond épais.

2 Commencer la cuisson à feu élevé. Réduire à feu moyen lorsque le mélange commence à bouillir. Cuire environ 8 minutes (le sucre doit faire une boule molle lorsqu'on le plonge dans un verre d'eau froide).

3 Retirer le chaudron du feu et le déposer dans un bain d'eau froide, en brassant le sucre rapidement pour obtenir la consistance désirée.

4 Verser la préparation dans un plat et laisser refroidir avant de couper en carrés.

MARCEL
LEBOEUF

On l'a découvert
Il faisait partie de la joyeuse bande de *Chez Denise*, où il incarnait Wawa.

On le retrouve
Il tient le rôle de Michel Rivest, un enseignant de *Virginie* réputé pour sa dureté.

Un improvisateur-né...
Voilà plus de 20 ans, il participait aux débuts de la Ligue nationale d'improvisation et s'est illustré comme l'un de ses meilleurs compteurs.

MARIE-SOLEIL MICHON

On l'a découverte

Comme chroniqueuse à l'émission d'information *Aujourd'hui*, aux côtés de Simon Durivage.

On la retrouve

Elle en sera à sa quatrième saison dans La *Fosse aux Lionnes*.

Ce qui l'intéresse dans la vie?

Tout! De joueuse étoile à *La Fureur*, en passant par cuisinière trash à l'émission *Véro*, c'est une véritable touche-à-tout.

Bec sucré

PAIN AUX FRUITS

Préparation → 15 min
Cuisson → 45 min
Portions → 2 cakes

→
Ingrédients secs

2 t	farine de blé non blanchie	500 ml
1/2 c. à thé	bicarbonate de soude	2 ml
1/2 c. à thé	sel	2 ml
3/4 t	lait écrémé en poudre (ou lait de soja en poudre)	180 ml
1 c. à tab	poudre à pâte	15 ml
1/4 t	germe de blé	60 ml
3/4 t	noix de Grenoble hachées grossièrement	180 ml
1/2 t	raisins secs (ou autres fruits séchés tels canneberges, abricots)	125 ml
1/3 t	dattes fraîches, dénoyautées et hachées grossièrement	80 ml

→
Ingrédients liquides

3	œufs	3
1/2 t	huile de tournesol	125 ml
1/2 t	miel	125 ml
1 t	compote de pommes nature (maison ou du commerce)	250 ml
3/4 t	jus d'orange	180 ml

→
Préparation

1 Préchauffer le four à 325 °F (160 °C). Beurrer et fariner 2 moules à pain.

2 Dans deux bols, mélanger séparément les ingrédients secs et les ingrédients liquides.

3 Faire un puits au centre du mélange sec et y verser le mélange liquide. Remuer à la cuillère jusqu'à l'obtention d'une préparation homogène.

4 Verser la pâte dans les moules et cuire au four pendant 45 minutes. Laisser tiédir, puis démouler.

Note. Conserver à la température de la pièce.

→ *Ce cake est polyvalent. Parfait comme collation dans la boîte à lunch ou au retour de l'école (c'est ce que ma maman faisait !)... Il peut se servir au déjeuner ou au brunch, et même se transformer en dessert si on le sert avec une crème anglaise.*

→ *Cette recette me vient de mes grand-mères Germaine et Blanche qui ont connu la crise de 1929. Elle est dédiée avec amour à C.*

Bec sucré

POUDING CHÔMEUSE

*de mes grand-mères
Germaine et Blanche*

Préparation → 10 min
Cuisson → 30 min
Portions → 8

→
Ingrédients

1/2 t	huile végétale	125 ml
1 t	sucre	250 ml
2 t	farine	500 ml
3 c. à thé	poudre à pâte	15 ml
1 t	lait	250 ml
1 c. à thé	extrait de vanille	5 ml
2 t	cassonade	500 ml
1 1/2 t	eau bouillante	375 ml
2	grosses noix de beurre	2

→
Préparation

1 Préchauffer le four à 350 °F (180 °C). Beurrer un plat de pyrex de 10 po x 12 po (25 cm x 30 cm).

2 Dans un bol, bien mélanger l'huile et le sucre jusqu'à ce que le sucre fonde.

3 Dans un deuxième bol, mélanger la farine et la poudre à pâte.

4 Dans un troisième bol, mélanger le lait et la vanille.

5 Ajouter, en alternance, les mélanges de farine et de lait à la préparation de sucre. Bien combiner le tout et verser dans le plat de pyrex.

6 Ensuite, dans un bol, mélanger la cassonade, l'eau bouillante et le beurre. Verser le tout sur la pâte dans le moule. Ça fait gibelotte, mais c'est normal !

7 Cuire au four environ 30 minutes. (Il est préférable de déposer votre moule sur une plaque à biscuits si vous ne voulez pas que ça fasse des éclaboussures partout dans le four.) La pâte est cuite quant un cure-dents piqué au centre en ressort lisse.

MONIQUE GIROUX

On l'a découverte
Faisant déjà la promotion de la chanson française à la barre de l'émission *On a beau dire* à la radio de CIBL.

On la retrouve
Sur les ondes d'Espace Musique, où elle anime tous les jours l'émission qui porte son nom de 16 h à 17 h 30, et le vendredi son émission du *Studio 12* présentant des performances avec public.

La chanson, sa passion
Elle est tombée en chanson comme d'autres en amour et s'avoue éternelle admiratrice de ceux qui risquent, secouent et mordent dans la création.

BOUCHÉES AU CHOCOLAT

Préparation → 10 min
Cuisson → aucune
Portions → environ 12 bouchées

→
Ingrédients

4 t	gruau (ou 1 t/250 ml de noix de coco et 3 t/750 ml de gruau)	1 l
6 c. à tab	cacao	90 ml
2 t	sucre blanc	500 ml
1/2 t	lait	125 ml
1/2 t	beurre	125 ml
1/2 c. à thé	extrait de vanille	2 ml

→
Préparation

1 Si vous utilisez de la noix de coco, mélanger celle-ci avec le gruau et le cacao dans un bol.

2 Dans une casserole, chauffer le sucre, le lait, le beurre et l'extrait de vanille jusqu'au point d'ébullition seulement. Verser sur les ingrédients secs et mélanger.

3 À l'aide d'une cuillère, déposer de petites bouchées de pâte sur une plaque à biscuits. Laisser refroidir et servir !

MARIE-ÈVE BEAULIEU

On l'a découverte

De Marie-Ève, elle est devenue Ève-Marie pour la télésérie *Casting*.

On la retrouve

Elle joue le rôle de Stella Charest, la sœur déficiente de Virginie dans l'émission du même nom.

Moment branché ?

Elle peut aussi être aperçue dans le vidéoclip *Le Columbarium* de Pierre Lapointe.

→ *Un dessert sans cuisson, quel bonheur... Ces petites bouchées se préparent en un tour de main et sont idéales pour la boîte à lunch (pas de noix !) ou les soirées de télé. Avec un verre de lait, bien sûr.*

→ J'ai inventé cette recette un soir où les enfants réclamaient un dessert. Ça m'a permis d'utiliser du tofu que j'avais acheté avec de bonnes intentions, mais aucune inspiration. Surtout, c'est bon pour la santé... et rien n'oblige à révéler les ingrédients aux enfants...

DESSERT POUR FAIRE MANGER DU TOFU AUX ENFANTS

Préparation → 10 min
Cuisson → aucune
Portions → 4

→
Ingrédients

1	paquet de tofu mou (454 g)	1
2 t	yogourt nature	500 ml
1 t	framboises surgelées	250 ml
1	banane	1
3 c. à tab	graines de lin moulues	45 ml
3 c. à tab	miel	45 ml
	lait de soja	
	sirop d'érable ou miel	

→
Préparation

1 Mettre tous les ingrédients dans le mélangeur électrique, sauf le lait de soja et le sirop d'érable. Fouetter, puis ajouter suffisamment de lait de soja pour obtenir un mélange qui se verse bien tout en n'étant pas trop liquide.

2 Verser le mélange dans des bols et y dessiner des bonhommes sourire avec un peu de sirop d'érable ou de miel.

Note. On peut aussi décorer chaque bol d'amandes émincées, remplacer le lait de soja par du lait de vache et utiliser d'autres fruits selon notre inspiration… ou ce qu'on a sous la main…

MARIE-HÉLÈNE THIBAULT

On l'a découverte

Son talent comique nous a été révélé dans la sitcom *Catherine*.

On la retrouve

Nous pouvons suivre ses tribulations au petit écran dans le téléroman *Providence* et sur le web dans *Les Chroniques d'une mère indigne*.

Généreuse de son temps

Elle est porte-parole de OMPAC, un organisme qui relève de Centraide et qui vient en aide aux personnes atteintes d'un cancer.

GÂTEAU POLONAIS

VALÉRIE BLAIS

On l'a découverte

En 2004, elle s'est vu décerner le Prix de la révélation Le Démon du midi par le Festival Juste pour rire.

On la retrouve

Elle joue dans deux séries télévisées : *Tactik*, où elle incarne Jocelyne Rondeau, et *Tout sur moi* où elle joue… Valérie Blais.

L'inspiration de Stéphane Bourguignon ?

Comme son personnage de *Tout sur moi*, elle a incarné Rafi la Mascotte qui, elle aussi, a un mal fou à obéir aux règles de la société.

Préparation → 10 min
Cuisson → environ 30 min
Temps de refroidissement → 2 h
Portions → 6

→
Ingrédients

1 t	farine	250 ml
1 t	sucre	250 ml
1 t	cassonade	250 ml
1/4 t	beurre	60 ml
2	œufs	2
1 c. à thé	bicarbonate de soude	5 ml
10 oz	salade de fruits en conserve	300 ml
1/2 t	crème 35 % (ou une boîte de 4 oz de lait Carnation)	125 ml

→
Préparation

1 Préchauffer le four à 350 °F (180 °C). Beurrer un moule carré de 9 po (23 cm).

2 Dans un bol, à l'aide d'un batteur, mélanger tous les ingrédients sauf la crème jusqu'à l'obtention d'une pâte lisse.

3 Verser dans le moule et cuire au four environ 30 minutes jusqu'à ce qu'un couteau piqué dans le centre du gâteau en ressorte propre.

4 Entre-temps, dans une casserole, porter la crème à ébullition et laisser bouillir 2 minutes. La verser sur le gâteau chaud. Faire refroidir 2 heures à température ambiante avant de servir.

→ *J'ai goûté ce super dessert lors d'un tournage pour l'émission Tactik. Je ne sais pas d'où vient son nom de gâteau polonais, puisqu'il est populaire dans la région du Lac-Saint-Jean... Un gros merci à Mercedez.*

→ *On fait toujours ces beignets – une recette de mon arrière-grand-mère –*
juste avant Noël. C'est une tradition. Tout le monde met la main à la pâte,
même les enfants qui prennent plaisir à répandre de la farine partout.

Bec sucré

BEIGNETS AUX PATATES

Préparation → 15 min
Cuisson → 25 min
Temps de réfrigération → 1 nuit + 1 h
Rendement → environ 24 beignets

→
Ingrédients

1 t	pommes de terre (rouges de préférence), en purée*	250 ml
2 c. à thé	saindoux	10 ml
1 t	sucre	250 ml
1	œuf	1
3/4 t	lait	180 ml
2 3/4 t	farine	430 ml
	huile de canola, pour la friture	
	sucre à glacer	

* Préparer la purée de pommes de terre la veille et la réfrigérer.

→
Préparation

1 Au mélangeur, combiner le saindoux, le sucre, l'œuf et le lait. Ajouter la farine et la purée de pommes de terre froide. Bien mélanger et réfrigérer (c'est collant, donc la pâte se travaillera mieux une fois refroidie).

2 Former une grosse boule avec la pâte. Enfariner votre surface de travail, y rouler la pâte et découper en beignets à l'emporte-pièce.

3 Chauffer l'huile dans une friteuse et y cuire les beignets 1 minute de chaque côté ou jusqu'à ce qu'ils soient dorés. Cuire 2 beignets à la fois seulement. C'est long mais bien meilleur, ainsi ils ne prennent pas le goût de l'huile.

4 Au fur et à mesure, déposer les beignets frits sur du papier absorbant. Saupoudrer de sucre à glacer avant de servir.

VÉRONIQUE MAYRAND

On l'a découverte

Comme présentatrice météo, d'abord à TVA puis au *Montréal ce soir*.

On la retrouve

Elle nous parle de la pluie et du beau temps à *C'est bien meilleur le matin* à la radio de Radio-Canada.

Son parcours

Elle a appris à nous transmettre les bonnes (et les mauvaises!) nouvelles grâce à une majeure en communications de l'Université de Montréal.

→ *Reproduit intégralement, ce dessert provient du petit carnet noir des recettes de mon père Maurice. Ses gâteaux (et les sandwichs de fantaisie de ma mère, Gabrielle, et de sa meilleure amie Berthe) ont transformé mes siestes d'enfant en rêves gourmands.*

LINDA
WILSCAM

On l'a découverte

Picotine, c'est elle! Elle aura marqué l'imaginaire québécois avec sa «drôle de mine, des picots plein la figure et de drôles d'aventures.»

On la retrouve

Scénariste et metteure en scène (*Alexandre le roi, Iniminimagimo, Le Voyage d'Alice*), elle enseigne aussi le théâtre à une nouvelle génération.

Facile d'écrire une recette?

En tout cas, moins compliqué que d'écrire des livres pour la jeunesse, l'un de ses nombreux talents.

Bec sucré

GÂTEAU MOKA
À LA MAURICE

Préparation → 30 min
Cuisson → 30 min
Portions → 8

→
Ingrédients

3/4 t	saindoux ou beurre	180 ml
1 2/3 t	sucre	400 ml
4	œufs	4
4	carrés de chocolat non sucré, fondus au bain-marie (4 oz/120 g)	4
2 1/3 t	farine tamisée	580 ml
1 c. à tab	poudre à pâte	15 ml
1 c. à thé	sel	5 ml
1 1/2 t	lait	375 ml
1/2 c. à thé	extrait de vanille	2 ml
	demi-noix de Grenoble ou autre, au choix	

→
Glaçage moka

1/4 t	beurre	60 ml
2 1/2 t	sucre à glacer	625 ml
2 c. à tab	cacao	30 ml
3 c. à tab	café fraîchement préparé	45 ml
	pincée de sel	

→
Préparation
Glaçage moka

1 Dans un bol, crémer le beurre à l'aide d'un batteur. Tamiser le sucre à glacer et le cacao, puis les ajouter graduellement au beurre en battant bien. Incorporer le café liquide afin d'obtenir un glaçage de belle consistance. Ajouter le sel et bien mélanger.

→
Gâteau

2 Préchauffer le four à 350 °F (180 °C). Beurrer 2 moules à gâteau de 9 po (23 cm).

3 Battre en crème le saindoux ou le beurre avec le sucre. Ajouter les œufs un à un, en battant après chacun. Y verser le chocolat fondu.

4 Tamiser ensemble la farine, la poudre à pâte et le sel. Incorporer au mélange de chocolat en alternant avec le lait. Ajouter la vanille.

5 Verser la pâte dans les moules à gâteau et cuire au four 30 minutes. Laisser tiédir 5 minutes, puis démouler sur une grille et laisser refroidir.

6 Étendre le glaçage moka entre les étages, sur les côtés et le dessus du gâteau. Décorer de noix de Grenoble ou autre.

→ Pas d'œufs à monter, pas de crème pâtissière à surveiller et ça s'assemble presque tout seul. Les parents seront contents de vous laisser lousse dans la cuisine. Et tous les enfants adorent la noix de coco, c'est connu.

TARTE À LA NOIX DE COCO
de tatie Denise

Préparation → 15 min
Cuisson → 35 à 45 min
Portions → 6 à 8

→
Ingrédients
Pâte

1 1/3 t	chapelure de biscuits Graham	355 ml
2 c. à tab	sucre	30 ml
1	pincée de sel	1
1/4 t	beurre fondu	60 ml
1	œuf légèrement battu	1

→
Garniture

3	œufs battus	3
3/4 t	sucre	180 ml
1/3 t	beurre fondu	80 ml
1 c. à tab	jus de citron	15 ml
1 c. à thé	vanille	5 ml
1 1/2 t	noix de coco râpée	375 ml

→
Préparation

1 Préchauffer le four à 350 °F (180 °C).

2 Beurrer une assiette à tarte de 9 po (23 cm).

3 Préparer la pâte en combinant tous les ingrédients dans un bol, puis presser ce mélange dans le fond de l'assiette à tarte.

4 Dans un autre bol, mélanger tous les ingrédients de la garniture, puis les verser sur la pâte. Cuire au four de 35 à 45 minutes. Refroidir.

5 Pour servir, décorer de crème chantilly et de noix de coco grillée.

RAPHAËL GRENIER-BENOÎT

On l'a découvert

À l'âge de six ans, il a fait ses débuts au cinéma dans les films *La Grande Séduction* et *Nouvelle-France*.

On le retrouve

Dans le rôle d'Oli, il fait vivre 1001 émotions à ses *Parent*.

Fou de la pub?

Jeune acteur recherché par les agences, il a prêté son sympathique minois aux pubs de Whippet, Uniprix et Schneiders.

ANNIE BROCOLI

On l'a découverte

Sur disque avant tout, avec
7 albums et 6 DVD parus en
dix ans seulement.

On la retrouve

Aux commandes du *Broco Show*,
une émission de variétés pour toute
la famille.

Les enfants à cœur

Elle coanime le Téléthon
Opération Enfant Soleil depuis
plusieurs années.

Bec sucré

LA MEILLEURE CROUSTADE AUX POMMES DU MONDE !

Préparation → 10 min
Cuisson → 45 min
Portions → 6

→
Ingrédients

1 1/2 t	farine tout usage	375 ml
1 1/2 t	gruau	375 ml
1 t	cassonade	250 ml
1/2 t	beurre	125 ml
4	grosses pommes (pommes à compote de type McIntosh)	4
	jus de citron	
	sucre blanc, au goût	
1	pincée de muscade	1

→
Préparation

1 Préchauffer le four à 350 °F (180 °C).

2 Dans un bol, mélanger la farine, le gruau
et la cassonade.

3 Faire fondre le beurre, puis le mélanger
aux ingrédients secs.

4 Couvrir le fond d'une assiette à tarte de 9 po
(23 cm) avec les deux tiers de la préparation
de gruau, en pressant un peu avec les doigts.
Réserver.

5 Peler, évider et couper les pommes en petits
morceaux. Arroser d'un peu de jus de citron pour
éviter qu'elles brunissent.

6 Déposer les pommes dans l'assiette à tarte,
puis parsemer du reste de la préparation de gruau
en pressant doucement. Saupoudrer le dessus
de la croustade de sucre et d'un peu de muscade.

7 Cuire au four environ 45 minutes.
Laisser reposer et déguster !

Note. Je préfère mettre le sucre sur le dessus de la croustade
au lieu de l'ajouter dans la préparation car j'aime quand le sucre
devient tout doré.

→ *Si vous aimez les pommes, je vous promets,*
vous ferez un voyage à Rougemont juste avec vos papilles !
Bon appétit.

→ *Petits et grands raffolent de ces biscuits à Toc Toc Toc !*
  À ton tour d'épater parents et amis en ajoutant ta touche :
  avant de cuire les galettes, décore-les de chocolat, de canneberges
  et d'abricots séchés ou de noix. Bon appétit, cuistot !

Ça m'brunche

GALETTES AZIMAZIM

Préparation → 15 min
Cuisson → 20 min
Portions → 4

→
Ingrédients

1 1/2 t	farine tout usage	375 ml
1 c. à thé	bicarbonate de soude	5 ml
1/2 c. à thé	poudre à pâte	2 ml
1 c. à thé	sel	5 ml
2 t	flocons d'avoine	500 ml
1/2 t	cassonade	125 ml
1/2 t	compote de pommes	125 ml
1/2 t	beurre ramolli	125 ml
2	œufs	2
1 c. à thé	extrait de vanille	5 ml
2 c. à tab	eau	30 ml
1 t	raisins secs	250 ml

→
Préparation

1 Préchauffer le four à 350 °F (180 °C).

2 Tamiser ensemble la farine, le bicarbonate de soude, la poudre à pâte et le sel. Incorporer les flocons d'avoine en remuant.

3 Dans un autre bol, à l'aide d'un batteur, mélanger jusqu'à consistance crémeuse la cassonade, la compote de pommes et le beurre. Ajouter les œufs et la vanille, puis battre jusqu'à consistance homogène.

4 Ajouter les ingrédients secs, puis l'eau et mélanger. Broyer les raisins secs au robot culinaire et les incorporer à la pâte.

5 À l'aide d'une cuillère, déposer la pâte sur des plaques de cuisson graissées, à raison de 1/4 t (60 ml) par cuillerée. Cuire au four pendant 15 minutes ou jusqu'à ce que les galettes soient légèrement dorées.

AZIM DE TOC TOC TOC

On l'a découvert

Dans l'émission jeunesse *Toc Toc Toc*, du nom du village où il est boulanger-maraîcher.

On le retrouve

À demeure dans son mystérieux village, il enchante petits et grands avec sa divine cuisine.

Son défaut mignon?

Gourmand, il aime fricoter des petits plats en chantant, mais sa distraction lui fait aussi «oublier» des casseroles et emboucaner toute la maison.

THÉ GLACÉ À LA MENTHE ET AU GINGEMBRE

Préparation → 5 min
Cuisson → 10 min
Temps d'infusion et refroidissement → 2 h 10
Portions → 6

→
Ingrédients

6 t	eau	1,5 l
1/4 t	feuilles de menthe séchée	60 ml
2 c. à tab	gingembre frais, haché grossièrement	30 ml
1/2 t	feuilles de menthe fraîche	125 ml
2/3 t	sucre	160 ml
1 t	jus de citron frais	250 ml
	menthe fraîche, pour la garniture	
	tranches de gingembre frais, pour la garniture	

→
Préparation

1 Faire bouillir l'eau dans une casserole. Retirer du feu et ajouter tous les ingrédients, sauf le jus de citron, la menthe fraîche et le gingembre en tranches.

2 Laisser infuser le mélange environ 10 minutes. Filtrer avec un bon papier essuie-tout déposé dans une passoire, un filtre à café ou un coton à fromage, et ajouter le jus de citron.

3 Refroidir au moins 2 heures et servir avec des glaçons, de la menthe fraîche et des tranches de gingembre.

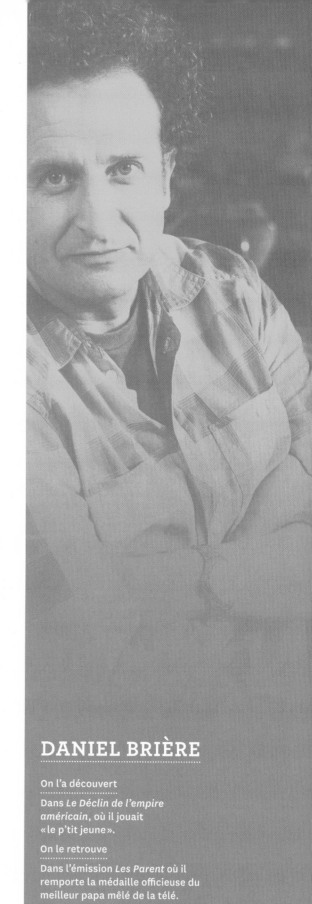

DANIEL BRIÈRE

On l'a découvert

Dans *Le Déclin de l'empire américain*, où il jouait « le p'tit jeune ».

On le retrouve

Dans l'émission *Les Parent* où il remporte la médaille officieuse du meilleur papa mêlé de la télé.

Où se cache-t-il?

Dans l'émission *Un gars, une fille* : le chum de Loulou qu'on entend mais qu'on ne voit jamais, c'est lui.

→ *Une des seules recettes qui fait l'unanimité*
dans la famille Brière de la Chenelière.
Un pichet, c'est jamais assez! Vous êtes prévenus.

→ *Je vous recommande un bon boucher pouvant préparer la viande à l'avance, puisque c'est une partie difficile à trouver en supermarché. Servez ces cretons à la rustique, directement dans les pots Mason.*

Ça m'brunche

CRETONS MAISON

Préparation → 5 min
Cuisson → 3 à 4 h
Portions → environ 3 pots de 1 t/250 ml

→
Ingrédients

2 lb	porc dans le flanc haché	1 kg
	eau	
1	gros oignon, haché finement	1
1	poignée de gros sel	1
	poivre noir du moulin	
	poudre d'ail	

→
Préparation

1 Dans un chaudron en fonte émaillée allant au four, déposer le porc et le couvrir d'eau.

2 Faire bouillir le porc à feu vif environ 20 minutes, en brassant de façon quasi continue. Ajouter l'oignon et le gros sel, réduire le feu et laisser frémir de 2 à 3 heures.

3 Préchauffer le four à 350 °F (180 °C).

4 Assaisonner le porc de poivre et de poudre d'ail.

5 Déposer le chaudron dans le four et poursuivre la cuisson environ 30 minutes.

6 Battre la préparation au fouet afin de rendre les cretons crémeux, puis terminer la cuisson au four encore 30 minutes à découvert.

7 Déposer les cretons dans des pots Mason… et savourer !

CAROLINE PROULX

On l'a découverte

Du *Zoo de Montréal* à l'émission *Des deux pistons*, elle a appris le métier à CKMF dès son tout jeune âge.

On la retrouve

Elle plonge tous les jours dans *La Fosse aux Lionnes*.

L'amour du public

En cours de carrière, elle s'est découvert une passion pour les relations publiques et a travaillé pour le Cirque du Soleil, le Festival de Jazz et les FrancoFolies.

PANCAKES AUX BLEUETS

Préparation → 10 min
Cuisson → 4 min par crêpe
Portions → 12 crêpes

→
Ingrédients

2 t	farine tout usage	500 ml
1 c. à thé	poudre à pâte	5 ml
3 c. à tab	sucre	45 ml
3	œufs	3
2 t	lait	500 ml
1/3 t	beurre fondu	80 ml
1 t	bleuets des champs frais ou surgelés, décongelés*	250 ml

* Les bleuets surgelés donneront une pâte plus colorée.

→
Préparation

1 Dans un bol, mélanger la farine, la poudre à pâte et le sucre.

2 Faire un puits au centre de la farine et y ajouter les œufs et le lait. À l'aide d'un fouet, bien mélanger jusqu'à ce que la préparation soit homogène. Incorporer 1/4 t (60 ml) du beurre fondu, en pliant. Ajouter les bleuets.

3 Verser le reste du beurre dans un poêlon antiadhésif beurré. Y cuire les crêpes jusqu'à ce qu'elles soient légèrement dorées des deux côtés.

GOFRETTE

On l'a découvert

Gofrette est un chat excentrique qui a sa propre émission de télé.

On le retrouve

Il vit avec ses amis dans le monde coloré de Zanimo.

Fait-il souvent la cuisine?

Disons qu'il peut compter sur l'aide de Rouge le réfrigérateur, confident de toutes les heures et gardien du lait au chocolat et du brocoli.

→ *Pour faire passer Gofrette de miaou à mium, ces crêpes sont sans égales. Une super recette pour initier les enfants aux plaisirs de cuisiner comme leur personnage préféré !*

→ C'est une collation très simple et facile à faire,
mais combien délicieuse et nutritive.
Une très bonne amie m'apportait toujours
ces barres savoureuses et santé pour me ré-énergiser
pendant les jours moins vitaminés !

On s'barre

BARRES
ÉNERGISANTES

Préparation → 5 min
Cuisson → 25 min
Portions → 24 petites ou 12 grosses

→

Ingrédients

1/2 t	flocons d'avoine	125 ml
1/2 t	farine	125 ml
1/2 t	dattes hachées	125 ml
1/4 t	raisins secs	60 ml
1/4 t	abricots séchés	60 ml
1/4 t	canneberges séchées	60 ml
1/2 t	noix et graines mélangées (sésame, citrouille, amandes, noix de Grenoble...)	125 ml
1/4 t	miel ou sirop d'érable	60 ml
3/4 t	bananes en purée ou compote de pommes	180 ml
1/3 t	huile végétale	80 ml

→

Préparation

1 Préchauffer le four à 350 °F (180 °C). Beurrer légèrement un moule rectangulaire d'environ 9 po x 14 po (23 cm x 35 cm).

2 Dans un bol, mélanger les ingrédients, puis presser la préparation dans le moule.

3 Cuire au four 25 minutes. Laisser reposer un peu, découper et déguster...

STÉPHANIE
CRÊTE-BLAIS

On l'a découverte

Au cinéma, dans le film *Le Survenant* où elle jouait le rôle de Catherine Provençal.

On la retrouve

C'est la nouvelle *Virginie*, une prof d'éducation physique populaire auprès des élèves.

L'ambition d'une vie

Sœur cadette d'Isabelle Blais, elle écrivait déjà dans son album de finissante du primaire qu'elle serait comédienne plus tard.

→ *Pour le pirate Maboule, épris de suçons géants,*
tous les moyens honnêtes et malhonnêtes étaient bons pour
s'emparer de cette spécialité de madame Bec-Sec.
Eh oui, avant la guerre des boutons, il y eut la guerre des suçons...

PIRATE
MABOULE

Personnage coloré de *La boîte à surprises*, le Pirate Maboule a ensuite pris les ondes d'assaut avec sa propre émission en 1968.

Empruntant la plume et les traits de Jacques Létourneau, le Pirate Maboule est un grand conteur qui déforme souvent les faits à son avantage.

Ce froussard dans l'âme vit entouré de son serviteur Loup-Garou, de madame Bec-Sec, de Rosa Petitpas et du constable Polycarpe.

Nostalgie

LES SUÇONS
DE MADAME BEC-SEC

Préparation → 5 min
Cuisson → 15 min
Temps de refroidissement → 15 min
ou plus
Portions → 4 suçons géants ou 8 petits

→
Ingrédients

1 t	eau	250 ml
1 c. à tab	jus de citron	15 ml
2 t	sucre	500 ml
1/4 c. à thé	crème de tartre	1 ml
	colorant alimentaire au choix et autres décorations	

→
Préparation

1 Dans une casserole à fond épais, réunir l'eau, le jus de citron, le sucre et la crème de tartre. Bien mélanger pour que le sucre fonde.

2 À feu moyen-vif, chauffer la préparation. À l'apparition des premiers bouillons, badigeonner le bord de la casserole d'eau à l'aide d'un petit pinceau, pour éviter que le sucre cristallise.

3 Amener le sirop à complète ébullition en mélangeant constamment, jusqu'à ce qu'il atteigne 300 °F (150 °C) au thermomètre à bonbons, environ 12 à 15 minutes après l'ébullition. (Vous voulez que le sirop se sépare en fils fermes, durs et friables lorsqu'on en laisse tomber quelques gouttes dans un petit bol d'eau très froide.)

4 Si vous désirez des suçons de couleur, ajouter rapidement quelques gouttes de colorant alimentaire et bien mélanger pour obtenir une couleur uniforme.

5 Verser le mélange dans des moules à suçon ou des petits moules ronds de votre choix bien huilés. Déposer un bâton sur chaque suçon.

6 Pour décorer, si désiré, verser quelques gouttes de colorant alimentaire sur les suçons. À l'aide d'un cure-dents, réaliser le motif de votre choix. Vous pouvez également les décorer avec des petits bonbons ou des guimauves.

7 Laisser durcir les suçons 15 minutes, puis les retirer délicatement du moule. Bons à devenir Maboule !

Note. Par temps chaud ou humide, les suçons risquent d'être plus collants.

INDEX
Présentation par vedettes

INDEX

Présentation par catégories

BEURRES AROMATISÉS

BOISSONS

DESSERTS
GÂTEAUX

CRÉDITS PHOTOGRAPHIQUES

Nous tenons tout particulièrement à remercier les photographes
qui ont rendu possible la publication des photos de nos vedettes :

(par ordre de présentation dans le livre)

Les Éditions Transcontinental
11 000, boul. René-Lévesque Ouest, 24e étage
Montréal (Québec) H3B 4X9
Téléphone : 514 392-9000 ou 1 800 361-5479
www.livres.transcontinental.ca

Pour connaître nos autres titres, consultez
www.livres.transcontinental.ca
Pour bénéficier de nos tarifs spéciaux s'appliquant
aux bibliothèques d'entreprise ou aux achats en gros,
informez-vous au 1 866 800-2500.

**Catalogage avant publication
de Bibliothèque et Archives nationales du Québec
et Bibliothèque et Archives Canada**
Vedette principale au titre :
100 vedettes, 100 recettes, Centraide :
petits secrets culinaires et tranches de vie
Comprend un index.
ISBN 978-2-89472-432-3
1. Cuisine. 2. Artistes - Québec (Province). 3. Télévision - Québec
(Province) - Histoire. I. Titre: Cent vedettes, cent recettes, Centraide.
TX714.C46 2009   641.5   C2009-941768-5

Direction de la production
Marylène Leblanc-Langlois

Collaboration spéciale
La Société Radio-Canada, division du marchandisage

Bernice Lord - Directrice, Ventes et Marketing, Division du marchandisage
Services français - Radio-Canada

Marylène Dubois - Chargée de projet, Division du marchandisage
Services français - Radio-Canada

Rédaction
Lynne Faubert, 10

**Direction artistique, conception graphique et infographie
de la grille intérieure**
Cyclone Design Communications
cyclonedesign.ca

**Direction artistique et conception graphique
de la page couverture**
Marie-Josée Forest

Révision-correction
Accent spécialités linguistiques inc.

Photographies des recettes
Studio Michel Paquet
Styliste culinaire : Éric Régimbald
Styliste accessoiriste : Mychèle Painchaud

Impression
Transcontinental Interglobe

Nous reconnaissons, pour nos activités d'édition,
l'aide financière du gouvernement du Canada par l'entremise du
Programme d'aide au développement de l'industrie de l'édition (PADIÉ).
Nous remercions également la SODEC de son appui financier
(programmes Aide à l'édition et Aide à la promotion).

 Les Éditions Transcontinental sont membres
de l'Association nationale des éditeurs de livres.